中国农村专业技术协会科技小院联盟丛书

科技小院

服务乡村振兴的福建探索

吴瑞建　朱朝枝　曾芳芳　等　编著

化学工业出版社

·北京·

内容简介

《科技小院服务乡村振兴的福建探索》介绍了福建省创建科技小院的基本情况，对科技小院的基本定义、主要特征、功能作用、运行机制、发展规律和主要成效，从理论和实践上进行了总结和探索。

本书总结了近年来福建省建设科技小院的实践经验，探索科技小院的发展规律，以期不断深化科技小院的理论研讨和实践探索，推动科技小院模式在更大范围内推广，在广大农村和农业生产一线生根、开花、结果，进一步发挥科技小院在农业科技创新、农业科技服务、农村科学普及、人才培养培训方面的作用，为全面推进乡村振兴，加快建设农业强国作出应有贡献。

本书可供从事农业技术推广、"三农"研究、乡村振兴等方面的研究人员和广大农技推广人员参考。

图书在版编目（CIP）数据

科技小院服务乡村振兴的福建探索/吴瑞建等编著. —北京：化学工业出版社，2023.7
（中国农村专业技术协会科技小院联盟丛书）
ISBN 978-7-122-43828-7

Ⅰ.①科… Ⅱ.①吴… Ⅲ.①农业技术-科技服务-研究-福建 Ⅳ.①F327.57

中国国家版本馆CIP数据核字（2023）第136091号

责任编辑：李建丽 　　　　　　　　　装帧设计：王晓宇
责任校对：王 静

出版发行：化学工业出版社（北京市东城区青年湖南街13号　邮政编码100011）
印　　装：中煤(北京)印务有限公司
710mm×1000mm　1/16　印张13　字数180千字
2023年10月北京第1版第1次印刷

购书咨询：010-64518888　　　　　　　售后服务：010-64518899
网　　址：http://www.cip.com.cn
凡购买本书，如有缺损质量问题，本社销售中心负责调换。

定　　价：65.00元　　　　　　　　　　　　版权所有　违者必究

中国农村专业技术协会
科技小院联盟丛书

编委会

福建省农村专业技术协会
中国农村专业技术协会
科技小院联盟（福建）

本书编委会

主　任：**吴瑞建**（福建省农村专业技术协会理事长、中国农村专业技术协会科技小院联盟副理事长）

副主任：**翁伯琦**（福建省农村专业技术协会常务副理事长、福建省农业科学院研究员）

　　　　朱朝枝（福建省农村专业技术协会副理事长、福建农林大学教授）

委　员：**秦　竟**（福建省农村专业技术协会秘书长、福建省农村科普服务中心副主任）

　　　　曾芳芳（福建农林大学乡村振兴学院副教授）

　　　　韩牙琴（福建省农村专业技术协会副秘书长、福建省农村科普服务中心发展部副主任）

　　　　许小敏（福建省农村专业技术协会专职副秘书长）

　　为了应对我国农业面临的既要保障国家粮食安全，又要提高资源利用效率、保护生态环境等多重挑战，促进农业高质量绿色发展，同时解决科研与生产实践脱节、人才培养与社会需求错位、农技人员远离农民和农村等制约科技创新、成果转化和"三农"发展等问题，2009年，我们带领研究生从校园来到农村，住到了农家小院，与"三农"紧密接触，针对农业关键问题开展科学研究，解决技术难题；科技人员"零距离、零门槛、零费用、零时差"服务农户和生产组织，以实现作物高产和资源高效为目标，致力于引导农民采用高产高效生产技术，实现作物高产、资源高效、环境保护和农民增收四赢，逐步推动农村文化建设、农业经营体制改革和农村生态环境改善，探索现代农业可持续发展之路和乡村振兴途径。逐步形成了以研究生常驻农业生产一线为基本特征，集科技创新、社会服务和人才培养三位一体的"科技小院"模式，收到了良好效果，引起了社会各界关注和积极评价。

　　中国农村专业技术协会（简称中国农技协）受中国科协直接领导，是党和政府联系农业、农村专业技术研究、科学普及、技术推广的科技工作者、科技致富带头人的桥梁和纽带；是紧密联系团结科技工作者、农技协工作者和广大农民，深入开展精准科技推广和科普服务，积极推动农民科学素质的整体提升，引领农业产业发展，服务乡村振兴的重要力量。为了更好地发挥高校和科研院所科技工作者服务三农的作用，2018年中国农技协成立了科技小院联盟。它是由全国涉农院校、科研院所和各省农技协在自愿的基础上共同组建的非营利性联盟组织。联盟以中共中央办公厅、国务院办公厅印发的《关于创新体制机制推进农业绿色发展的意见》《中共中央　国务院关于实施乡村振兴战略的意见》《乡村振兴战略规划（2018—2022年）》《中共中央　国务院关于加快推进生态文明建设的意见》为指导，以"平等互利、优势互补、融合创新、开放共赢"为原则，整合涉农高校、科研院所、企业和地方政府等社会优质资源，加快体制机制创新，构建"政产学研用"紧密结合推动农业绿色发展和乡村振兴的新模式，全面服务于国家创新驱动发展战略和三农发展，在服务农业增效、农民增收、农村绿色发展的进程中发挥重要作用。科技小院联盟成立以来，在科协的组织领导下，一批涉农高校研究生驻扎到三农一线，充分调动了专家导师、科技人员（研究生）和当地政府、农技协、农业企业、农民专业合作社、农民群众的积极性，实现零距离科技对接，零时差指导解决，零门槛普惠服务，零费用培训推广，对推动农业产业发展效果显著。

目前，中国农技协科技小院联盟分别在四川省、福建省、江西省、广西壮族自治区、河北省、江苏省和内蒙古自治区等地建立了科技小院，已有中国农业大学、四川农业大学、福建农林大学、江西农业大学、内蒙古农业大学、广西大学等学校派出的一批研究生入住科技小院，有关省和自治区的研究院所的科技专家以及各级科协组织也积极参与到科技小院的共建之中，强化了对科技小院依托单位的科技支撑，显著促进了产业发展和科学普及。

中国农技协科技小院建设创新了农技协的组织模式，增强了农技协的凝聚力，提高了农技协的服务能力，提升了农技协的组织力和社会影响力，成为科协组织服务乡村振兴的有力抓手，展现出科技小院汇集各方科技力量、助推农业产业发展、促进乡村振兴的巨大潜力。为了及时总结交流中国农技协科技小院联盟在科技创新、技术应用、人才培养和科普宣传等方面取得的进展和成果，更好地服务农业产业发展和乡村振兴，中国农技协决定组织出版"中国农村专业技术协会科技小院联盟丛书"。相信该丛书的出版会激励和鼓舞一大批有志青年投身"三农"，推动农业产业发展和乡村振兴。

最后谨代表丛书编委会全体成员对关心和支持丛书编写和出版的所有同志们致以衷心的感谢。

张福锁

中国工程院院士
中国农业大学教授

前言

科技小院是服务"三农"和乡村振兴的新模式、新平台，是科技特派员制度的创新模式，在国家实施乡村振兴战略背景下应运而生。

2018年11月开始，中国农村专业技术协会向全国宣传并推广科技小院模式。在中国农技协和福建省科协领导下，福建省农村专业技术协会联合福建农林大学、福建省农业科学院等单位，于2019年6月在全国第一批创建了5家中国农技协科技小院。此后，福建省科协多次下发文件，采取一系列有效措施，积极推动科技小院建设。截止到2022年9月底，福建省已创建四批共33家科技小院，数量位居全国各省（自治区、直辖市）第一。福建省在全国率先成立"中国农村专业技术协会科技小院联盟（福建）"，在全国率先发布团体标准《科技小院建设与管理指南》，福建省创建科技小院的经验和做法多次在全国会议上作典型经验介绍。2019年12月，全国科技小院推进会暨培训班在福建省福州市召开，并在福建省建瓯市举行了科技小院现场观摩交流活动。

本书介绍了福建省创建科技小院的基本情况，对科技小院的基本定义、主要特征、功能作用、运行机制、发展规律和主要成效，从理论和实践上进行了总结和探索。

2021年2月中共中央办公厅、国务院办公厅印发的《关于加快推进乡村人才振兴的意见》、2021年6月国务院印发的《全民科学素质行动规划纲要（2021—2035年）》，把推广科技小院模式写入文件。2022年3月，教育部办公厅、农业农村部办公厅、中国科协办公厅下发的《关于推广科技小院研究生培养模式助力乡村振兴的通知》，专门对科技小院建设提出了要求。2022年7月，中国科协、国家乡村振兴局印发的《关于实施"科技助力乡村振兴行动"的意见》，要求发挥中国农技协科技小院长驻农村的作用。全国创建科技小院呈现良好的发展势头，得到各方面的充分肯定。我们希望通过编写出版本书，以福建省为例，总结三年多来建设科技小院的实践经验，探索科技小院的发展规律，起到抛砖引玉的作用，以期不断深化科技小院的理论研讨和实践探索，推动科技小院模式在更大范围内推广，在广大农村和农业生产一线生根、开花、结果，进一步发挥科技小院在农业科技创新、农业科技服务、农村科学普及、人才培养培训方面的作用，为全面推进乡村振兴，加快建设农业强国作出应有贡献。

本书由吴瑞建、朱朝枝、曾芳芳、韩牙琴、翁伯琦、秦竟、许小敏等编著。

全书由吴瑞建、朱朝枝统稿定稿，曾芳芳、韩牙琴参加全书编写，翁伯琦、秦竟参加审稿。素材由各有关市县科协、农技协、科技小院提供，许小敏、杜许焱博负责收集、整理资料和图片；朱丽蓉、龚宽俊、曾盛斌帮助收集相关资料、图片。

本书参考并吸收了以下论文成果：①科技小院：农技协服务乡村振兴的新平台和新抓手（吴瑞建，《学会》2019年第7期，CN35-1127/G3）；②农技协科技小院在乡村振兴中的作用及其对策——以福建省为例（韩牙琴，《学会》2020年第9期）；③科技小院建设与规范化管理的"福建探索"（吴瑞建、朱朝枝、翁伯琦、秦竞、韩牙琴、许小敏，《学会》2022年第10期）。

此书得以出版，要感谢柯炳生、张福锁、师铎、张建华、王诚、彭立颖、李晓林等中国农村专业技术协会、中国农技协科技小院联盟的领导和专家的精心指导，感谢福建省科协、各有关市县科协领导的大力支持，感谢入驻福建科技小院的专家、研究生们的辛勤付出，感谢化学工业出版社的热情帮助。

本书不足之处，敬请批评指正。

福建省农村专业技术协会

中国农村专业技术协会科技小院联盟（福建）

2023年3月26日

目录

上 篇

下　篇

第七章
绿色崛起型——平和蜜柚科技小院　　/91

第十章
品牌引领型——宁德大黄鱼科技小院　　　　/125

上篇

第一章

创建科技小院的现实意义和科技小院基本特征

2019年以来，在中国农技协、福建省科协的领导和大力支持下，福建省农技协着手积极筹建中国农技协科技小院，结合实际、先行先试，探索了可推广的"科技小院"创建经验，成效明显，受到各方支持和充分肯定。

一、创建"科技小院"的现实意义

（一）科技小院是科协、农技协服务"三农"和乡村振兴的重要抓手

习近平总书记对"三农"工作作出了一系列重要指示。党的十九大作出了实施乡村振兴战略重大部署。《中共中央　国务院关于实施乡村振兴战略的意见》，明确了实施乡村振兴战略的目标任务，对发挥农村专业技术协会的作用也提出了明确要求。推动农业全面升级、农村全面进步、农民全面发展，实现农业农村现代化和乡村振兴，离不开科学普及和农民科学素质提升，离不开建设一支宏大的农村科技人才队伍，这就给农技协提出了新时代的新任务、新使命。

如何更好地服务"三农"和乡村振兴，由福建省率先推出并在全国推广的科技特派员制度，取得了很好的经验。由中国农业大学张福锁院士创立的"科技小院"是高校产学研结合，服务"三农"、培养人才的一种新模式。中国农业大学创办科技小院的做法得到了有关部门的充分肯定。2018年11月，中国农技协在广西南宁举办了中国农技协科技小院联盟成立大会暨培训班，决定总结推广中国农业大学科技小院的经验，创建中国农技协"科技小院"。我们认为，中国农技协这项工作抓得非常好，创建具有科协、农技协特点的科技小院，应当成为农技协服务"三农"和乡村

振兴的重要抓手。

（二）科技小院是发挥科协、农技协优势，在助力农业增效、农民增收、农村绿色发展中起示范带头作用的重要平台

农技协是科协直属的科技社团，又是科普组织，与各涉农教育、科研和推广机构有着广泛而密切的联系，人才智力优势明显。农技协可以通过创建"科技小院"，提供全产业链技术服务，做好一个小院、入驻一个团队、辐射一个产业、示范农村一大片，真正起到示范、引领和带头作用，促进农业增效、农民增收致富，推动产业升级、农业绿色发展。

（三）科技小院是科协、农技协开展农村科普和科技志愿服务的长期阵地

2020年5月30日，福建省农技协成立了中国农技协科技志愿服务福建分队。长期坚持做好科技志愿服务工作，既组织广大科技工作者、理事、会员利用多种形式，开展多层次、多样化的科技志愿服务，又建立固定长期的科技志愿服务"军营"。而建立农技协"科技小院"正是建立起农技协开展农村科普和科技志愿服务的长期阵地，也是农技协开展科技志愿服务的一张亮丽名片。目前，各科技小院普遍建立了科技志愿服务队。

二、科技小院2.0版：从中国农业大学科技小院到中国农村专业技术协会科技小院

2009年，中国农业大学在河北省曲周县建立了全国第一家科技小院，随后中国农业大学又在全国陆续建立科技小院，在实现作物高产和资源高

效目标方面取得了丰硕成果，这是"科技小院1.0版"。近年来，为了服务不同经营主体与不同优势产业，适应不同区域农业发展实际，学术界对农业转型升级途径、生产应用模式和大面积开发的集成推广机制进行了广泛探索。为了搭建更广阔的"产学研政用"交流平台，助力乡村振兴，中国农技协在总结中国农业大学经验的基础上，将科技小院和农技协组织体系相结合，成立了中国农技协科技小院联盟，创建中国农技协科技小院，拉开了建设中国农技协科技小院的序幕，此后，科技小院建设升级为2.0版。

2018年11月，中国农村专业技术协会、中国科协农村专业技术服务中心在广西南宁召开中国农技协科技小院联盟成立大会（图1.1.1），福建省农村专业技术协会理事长吴瑞建等出席会议。会后，福建省农技协向省科协汇报，着手探索科技小院创建工作。2019年3月，中国农技协四川科技小院工作推进会在四川成都举行（图1.1.2）。福建省农技协派出副秘书长韩牙琴、许小敏两位同志出席会议。受福建省农技协领导委托，韩牙琴、许小敏向中国农技协理事长柯炳生教授汇报了福建省创建科技小院的工作设想，柯炳生理事长十分重视。会后，柯炳生理事长即带领中国农技协副理事长、中国农技协科技小院联盟理事长张建华教授，中国农技协科技小院联盟秘书长李晓林教授，中国农

图1.1.1 中国农技协科技小院联盟成立大会

图1.1.2 中国农技协四川科技小院推进会

技协副秘书长彭立颖等专程来到福建调研，与福建省科协领导共同探讨，并分别与福建农林大学、福建省农业科学院领导座谈交流（图1.1.3），得到福建省科协、福建农林大学、福建省农业科学院领导的大力支持。福建省科协党组十分重视，党组书记、副主席曾能建，副主席鲁伟群，时任省科

图1.1.3 中国农技协领导与福建省科协领导交流探讨

协副主席汪世华等领导积极推动，福建省农村专业技术协会具体落实，于2019年在全国第一批创建5家科技小院，接着2020年、2021年、2022年又分别创建了三批科技小院，截至目前共四批33家科技小院。2019年以来，福建农林大学作为主要的共建单位，参与福建省科技小院的创建工作，全省33家科技小院大部分由福建农林大学师生入驻，入驻研究生159人，其中博士研究生16人；分布在全省8个设区市、32个县，覆盖福建省十大优势特色产业，涉及农学、植保、果树、茶叶、蔬菜、花卉、食用菌、林学、农业资源利用、食品科学与工程、中药材、畜牧、蜂学、水产等9个学科14个专业。

在创建科技小院过程中，中国农技协理事长柯炳生、副理事长张建华，时任中国科协农村专业技术服务中心主任师铎，中国农技协副理事长、中国工程院院士张福锁，中国科协农技中心副主任、中国农技协秘书长王诚，中国农技协副秘书长彭立颖，中国农业大学教授李晓林等多次到福建调研指导科技小院建设工作。福建创建科技小院的经验和做法多次在全国会议上作典型经验介绍。2019年12月，全国科技小院推进会暨培训班在福建省福州市召开，并在福建建瓯举行了科技小院现场观摩交流活动（图1.1.4）。

图1.1.4　全国科技小院推进会暨培训班及科技小院现场观摩交流活动

　　福建省成立的中国农技协科技小院，与中国农业大学创建的科技小院在性质和作用上是一致的，都是扎根农村，扎根农业产业一线，实现专家与农民零距离，服务与农村零距离，研发与应用零距离、技术与产业零距离、育人与用人零距离。

　　农业院校的根本任务是出人才、出成果，培养人才是首要的。农业院校科技小院的一个突出特点，就是创新人才培养模式；一项基本要求，就是科技小院中要有研究生长年驻扎。农技协的任务与农业大学的任务侧重点有所不同。建立农技协"科技小院"除了符合中国农业大学"科技小院"的基本特征外，还要突出体现农技协的特点，符合农技协作为科技社团和科普组织的职责要求。因此，在以下几个方面进行了创新：①在功能定位上，农技协"科技小院"集农业科技创新、农业技术服务、农业科学普及、人才培养培训"四位一体"（图1.1.5）。②在共建单位上，除了农业院校外，增加了科协、农技协、涉农科研机构、农业技术推广机构。③在

图1.1.5 农技协科技小院"四位一体"服务模式

科技小院常驻人员上，除高校的导师、研究生外，增加了涉农科研机构、技术推广机构的专家、科技人员，有的科技小院还邀请了省外专家作为特聘指导专家。

通过创建科技小院，为农村和农业产业插上科技创新和科学普及的双翼，改变农业生产方式，改变农村生态环境，改变农民生活方式，实现生产发展、农民增收。科技小院发挥了以下作用：①探索农业科研新路子，在农村和农业生产第一线，针对生产问题开展科学研究和科技创新，形成绿色产业发展模式，推动农业转型。②创建农业技术服务新模式，解决好技术推广、技术服务"最后一公里"的难题。③开辟农村科学普及新途径，通过入村入企培训，办田间学校，开设科技长廊等方式，大力提升农民科学素质。④建立人才培养培训的新机制。一方面，让驻点的科技人员、在校研究生得到真正的锻炼，在实践中增长才干，提升科研能力、把论文和科研成果既写在农村广阔天地中，又写在学术刊物上。长年驻扎科技小院的研究生、科技人员既是学生，又是科研人员、农民、技术员、培训师。另一方面，通过科技小院，培养一大批乡土人才和新型农民。

第二章

福建科技小院建设概况

福建省科协党组十分重视科技小院建设，将创建科技小院作为服务乡村振兴的重要抓手，将科技小院创建列入福建省科协"九大"工作报告今后五年工作重点，列入福建省科协、省农业农村厅联合印发的《科普助力乡村振兴行动实施方案》，列入福建省科协2019年、2020年、2021年度科普工作要点、创新驱动助力工程2.0版的重要内容，列入创建优秀省级学会的重要内容，写入福建省科协与福建省科技厅等六部门联合下发的《关于进一步弘扬科学家精神，鼓励和支持广大科技工作者投身创新创业创造的意见》。纳入基层科普行动计划扶持重点项目，在政策上给予倾斜，在经费上给予支持，将科技小院纳入基层科普行动计划扶持重点项目，并采取省科协补助、当地政府支持、依托单位出资方式给予经费保障。每个科技小院10万元/年，补助三年。目前，省科协已支持经费共705万元。出台了《福建省科协关于进一步加强科技小院建设与管理有关事项的通知》，制定科技小院建设与管理团体标准，提高科技小院的规范管理水平。有关市、县科协、高等农业院校、农业科研机构和技术推广机构也对创建科技小院工作提供了大力支持。

2019年以来，省农技协邀请有关市、县科协领导、高等农业院校、农业科研机构、农业企业召开多场"科技小院"建设工作座谈会和研讨会（图1.2.1），通过座谈，大家加深了对"科技小院"的认识，增强了工作的

图1.2.1　科技小院建设工作研讨会

主动性，积极性。

　　2019年福建省在全国成立了首家科技小院省级联盟（图1.2.2）。中国农村专业技术协会科技小院联盟（福建）由福建省农村专业技术协会、福建农林大学、福建省农业科学院、农业企业、市县科协和各地科技小院等在自愿、合作的基础上共同组建，指导科技小院的规范化创建与管理工作（图1.2.3）。

图1.2.2　科技小院联盟（福建）授牌仪式

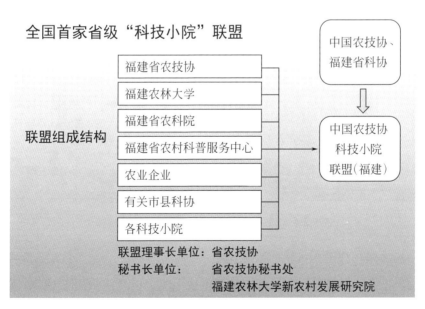

图1.2.3　科技小院联盟（福建）组成

一、福建已创建四批33家科技小院

至2022年底，福建已建立4批共33家科技小院，紧扣粮食作物、经济作物、畜禽水产、食用菌等当地农业主导产业和特色产业，围绕农业科技创新、农业技术服务、农村科学普及、人才培养培训开展工作，努力实现建立一个小院，入驻一个团队，辐射一个产业，示范农村一大片。

2019年创建第一批5家科技小院：闽侯青梗菜科技小院、连江海带科技小院、平和蜜柚科技小院、建瓯闽北乌龙茶科技小院、三明兰花科技小院（图1.2.4）。

图1.2.4　2019年6月，首批5家科技小院授牌

2020年创建第二批8家科技小院：闽清橄榄科技小院、云霄杨桃科技小院、永春芦柑科技小院、莆田枇杷科技小院、松溪甘蔗科技小院、尤溪红茶科技小院、上杭通贤乌兔科技小院、宁德大黄鱼科技小院（图1.2.5）。

图 1.2.5 2020 年 12 月，第二批 8 家科技小院授牌

2021 年创建第三批 9 家科技小院：罗源食用菌科技小院、长泰火龙果科技小院、南安蜜蜂科技小院、莆田中药材科技小院、永安蔬菜科技小院、浦城再生稻科技小院、上杭萝卜科技小院、福安红茶科技小院、平潭坛紫菜科技小院（图 1.2.6）。

图 1.2.6 2021 年 9 月，第三批 9 家科技小院授牌

2022 年创建第四批 11 家科技小院：福清龙眼科技小院、漳州水仙花科技小院、诏安青梅科技小院、安溪铁观音茶科技小院、德化淮山科技小院、建宁莲子科技小院、大田乌龙茶科技小院、仙游茄果类蔬菜科技小院、建阳桔柚科技小院、连城铁皮石斛科技小院、福鼎鲈鱼科技小院（图 1.2.7）。

图 1.2.7　2022 年 8 月，第四批 11 家科技小院授牌

二、科技小院得到中国农技协和福建省农技协指导

　　2019～2022 年，中国农技协理事长柯炳生，时任中国科协农技中心主任、中国农技协党委书记、常务副理事长师铎，中国科协农技中心副主

任、中国农技协秘书长王诚，中国农技协副理事长、科技小院联盟理事长张建华，科技小院联盟秘书长李晓林等多次专程来到福建，指导福建科技小院建设工作（图1.2.8）。

福建农林大学党委书记王建南赴平和蜜柚科技小院调研（图1.2.9）。

图1.2.8　中国农技协、中国科协农技中心领导赴福建指导科技小院工作

图1.2.9　福建农林大学领导在平和蜜柚科技小院调研

福建省农技协理事长吴瑞建、副理事长翁伯琦、朱朝枝带领专家多次深入农村，开展科技小院调研（图1.2.10）。

图 1.2.10　福建省农技协领导在各个科技小院调研

三、获得的荣誉和表彰

2019年以来，福建科技小院先后有6家被评为中国农技协"十佳科技小院"；2家获2022年中国农技协"最美科技小院"；10家科技小院分别获福建省科协2021、2022年度"优秀科技小院";省农技协理事长、中国农技协科技小院联盟副理事长吴瑞建被福建省委宣传部、省委文明办评为2021年福建省"最美志愿者",省农技协常务副理事长、科技小院联盟特聘专家翁伯琦被评为2020年福建省科协"十佳科普传播人物"、2022年福建省科协"最美志愿者",云霄杨桃科技小院责任专家朱朝枝教授荣获2022年中国农技协"最美科技工作者"、2022年福建省科协"十佳科普传播人物"。平和蜜柚科技小院责任专家、福建农林大学副教授吴良泉、永春芦柑科技小院依托单位负责人张生才获中国农技协科技小院联盟2021年"最美科技工作者"荣誉称号;闽侯青梗菜科技小院入驻专家、福建农林大学教授钟凤林获2021年中国农技协科技小院联盟"最美科技工作者"、2021年福建省科协"十佳科普传播人物"。福清龙眼科技小院依托单位负责人郑伟平、闽侯青梗菜科技小院依托单位技术总监邵贵荣被评为中国农技协"百强乡土人才"(详见表1.2.1、表1.2.2)。

表 1.2.1　福建科技小院获奖情况表

奖项	获奖科技小院	获奖年度
"礼赞70华诞　选树宣传农技协十佳行动"全国十佳科技小院	连江海带科技小院	2020
	建瓯闽北乌龙茶科技小院	
	平和蜜柚科技小院	
"礼赞70华诞　选树宣传农技协十佳行动"全国十佳科技小院	三明兰花科技小院	2020
	闽侯青梗菜科技小院	
	建瓯闽北乌龙茶科技小院	
	平和蜜柚科技小院	
"礼赞70华诞　选树宣传农技协十佳行动"全国十佳科技小院	尤溪红茶科技小院	2021
"典赞·2021福建科普"2021年度福建省优秀科技小院	闽侯青梗菜科技小院	2021
	平和蜜柚科技小院	

奖项	获奖科技小院	获奖年度
"典赞·2021福建科普" 2021年度福建省优秀科技小院	永春芦柑科技小院	2021
	建瓯闽北乌龙茶科技小院	
	上杭通贤乌兔科技小院	
"典赞·2022福建科普" 2022年度福建省优秀科技小院	连江海带科技小院	2022
	云霄杨桃科技小院	
	南安蜜蜂科技小院	
	尤溪红茶科技小院	
	浦城再生稻科技小院	
2022年中国农技协 "最美科技小院"	浦城再生稻科技小院	2022
	平和蜜柚科技小院	

表1.2.2 福建科技小院个人获奖情况表

奖项	获奖专家	获奖年度
福建省"最美志愿者"	吴瑞建 （省农技协理事长，中国农技协科技小院联盟副理事长）	2021
福建省科协"十佳科普传播人物"	翁伯琦 （省农技协常务副理事长、科技小院联盟特聘专家）	2020
福建省科协"最美志愿者"		2022
中国农村专业技术协会 "最美科技工作者"	朱朝枝 （云霄杨桃科技小院责任专家）	2022
福建省科协"十佳科普传播人物"		2022
中国农村专业技术协会科技小院联盟"最美科技工作者"	吴良泉 （平和蜜柚科技小院责任专家）	2021
中国农村专业技术协会科技小院联盟"最美科技工作者"	张生才 （永春芦柑科技小院责任专家）	2021

奖项	获奖专家	获奖年度
中国农村专业技术协会科技小院联盟"最美科技工作者"	钟凤林（闽侯青梗菜科技小院入驻专家）	2021
福建省科协"十佳科普传播人物"		2021
中国农技协"百强乡土人才"	郑伟平（福清龙眼科技小院依托单位负责人）	2022
	邵贵荣（闽侯青梗菜科技小院依托单位技术总监）	

第三章

福建科技小院在农业产业上的分布

福建省建立的33家科技小院（表1.3.1），紧扣当地农业主导产业或特色产业，以专家、研究生长年驻扎基层和农业生产一线为基本特征，依托有实力的农业企业或农村组织，科技人员和研究生扎根田间地头，开展科技创新、技术服务、科学普及和农民培训，成为助力农业增效、农民增收和农业绿色发展的重要平台和创新模式。

一、粮食作物类科技小院

浦城再生稻科技小院

浦城再生稻科技小院建立于2021年5月，依托单位为福建省浦城县石陂镇福建山农米业有限公司和临江镇万鑫家庭农场（图1.3.1）。共建单位包括福建省科协、福建农林大学、福建省农业科学院、福建省农村专业技术协会、南平市科协、浦城县科协、浦城县农业农村局等，由首席专家福建农林大学林文雄教授等专家带领10名研究生入驻。

再生稻是利用头季收获后稻桩上休眠腋芽萌发成穗，进而再收获一季的水稻，具有增产增收、省种省工、减肥减药等优势，对于温光资源种一

图1.3.1　浦城再生稻科技小院

表 1.3.1 福建省 33 家科技小院分布表

福州市（6家）	南平市（4家）	三明市（5家）	龙岩市（3家）	宁德市（3家）	莆田市（3家）	泉州市（4家）	漳州市（5家）
连江海带科技小院；	建瓯闽北乌龙茶科技小院；	三明兰花科技小院；	上杭通贤乌兔科技小院；	宁德大黄鱼科技小院；	莆田白沙枇杷科技小院；	永春芦柑科技小院；	平和蜜柚科技小院；
闽侯青梗菜科技小院；	松溪甘蔗科技小院；	尤溪红茶科技小院；	上杭萝卜科技小院；	福安红茶科技小院；	莆田中药材科技小院；	南安蜜蜂科技小院；	云霄杨桃科技小院；
闽清橄榄科技小院；	浦城再生稻科技小院；	永安蔬菜科技小院；	连城铁皮石斛科技小院	福鼎鲈鱼科技小院	仙游茄果类蔬菜科技小院	安溪铁观音茶科技小院；	长泰火龙果科技小院；
罗源食用菌科技小院；	建阳桔柚科技小院	建宁莲子科技小院；				德化淮山科技小院	漳州水仙花科技小院；
福清龙眼科技小院；		大田乌龙茶科技小院					诏安青梅科技小院
平潭坛紫菜科技小院							

季有余两季不足的稻区，发展再生稻是福建省增加粮食总产量的重要途径。位于闽浙赣三省交界处的福建南平浦城县，是全国产粮大县、全国商品粮基地县，现有耕地面积53.68万亩❶，水稻种植面积43万亩，年产粮食超过26万吨，有着"福建粮仓"的美誉。2020年，浦城县种植再生稻3.5万亩，再生稻种植面积全省第一，头季亩产量达600公斤。

浦城再生稻科技小院的建设目标为建设优质稻基地，提高浦城大米知名度和产品竞争力，减少有害物质的投入，提升浦城再生稻的生态效益。主要工作内容包括与专业合作社、农户一起共同推动扩广优质稻基地建设。按照优质稻标准化栽培技术规程组织和安排水稻生产，把工业生产模式引入农业生产，用工业化理念改造传统农业，实行标准化栽培，规模化种植，科学地控地、控种、控药、控水，确保优质稻基地的稻谷达到品质优良、生态安全的目的。

目前，浦城再生稻科技小院团队已在浦城县石陂镇申明村建设1600亩基地，进行福建省科技进步一等奖"再生稻高产高效清洁生产关键技术与应用"的转化应用。针对浦城再生稻传统生产上存在的适宜机收优质丰产再生稻品种缺乏、水肥管理不科学、再生稻产量低等问题，开展科技服务。

二、水果类科技小院

1. 平和蜜柚科技小院

平和蜜柚科技小院建立于2019年6月，依托单位为福建省漳州市平和县坂仔镇五星村村委会、平和县科协，共建单位包括福建省科协、福建农

---

❶ 1亩＝666.67平方米。

林大学、福建省农科院、福建省农村专业技术协会、漳州市科协、中国农业大学等（图1.3.2）。由福建农林大学吴良泉副教授带领6名研究生入驻（图1.3.3）。

蜜柚是平和县农业的支柱产业，种植面积超过100万亩，琯溪蜜柚是著名的蜜柚品种，为地理标志保护产品。平和蜜柚科技小院建设目标为助力平和县蜜柚产业绿色发展，破解蜜柚产业发展难题。主要工作内容包括建立长期示范基地，联合企业、柚农开展紧密合作，进行科学普及、科技服务和示范推广工作。

图1.3.2 平和蜜柚科技小院成立

图1.3.3 入驻研究生现场讲解展板

在全省率先开展蜜柚有机肥替代化肥、化肥农药减量化行动，坚持实施测土配方施肥、病虫害生物防控、果园留草覆盖、悬挂微喷水肥一体化技术等措施，打造县域发展绿色高效农业的典范。2019年与2020年，平和蜜柚科技小院连续两年荣获"全国十佳科技小院"荣誉称号。

2.闽清橄榄科技小院

闽清橄榄科技小院建立于2020年10月，依托单位为福建省福州市闽清县梅溪镇梅埔村村委会、闽清县农技协、闽清久源橄榄专业合作社，共建单位包括福建省科协、福建农林大学、福建省农业科学院、福建省农村专业技术协会、福州市科协、闽清县科协等，由福建农林大学园艺学院艾洪木教授带领4名研究生入驻（图1.3.4、图1.3.5）。

2020年，福州市闽清县5万亩橄榄大面积丰收，产业链产值突破8亿

图1.3.4 闽清橄榄幼果

图1.3.5 闽清橄榄科技小院种植示范基地

元。梅溪镇作为闽清橄榄主产乡镇之一，全村橄榄种植面积8300亩，采摘面积7500亩，销售产值超亿元。获"全国农业产业强镇""全国一村一品示范村镇"等荣誉称号。

闽清橄榄科技小院建设目标为提升橄榄品牌效应，扩大销售市场，提高市场占有率。主要工作内容包括改善土壤结构，提升橄榄产量与品质；克服橄榄大小年弊端，稳定产量；科学防治病虫害；开发橄榄保鲜、精加工方向与技术；开展品牌保护和市场开拓等，为闽清橄榄产业升级和区域公共品牌升级提供智库和技术解决方案。

3. 云霄杨桃科技小院

云霄杨桃科技小院建立于2020年10月，依托单位为福建省漳州市云霄县下河村委会，共建单位包括福建省科协、福建农林大学、福建省农业科学院、福建省农村专业技术协会、漳州市科协、云霄县科协等。由福建农林大学朱朝枝教授、曾芳芳副教授等专家带领8名研究生入驻（图1.3.6）。

下河乡是漳州杨桃的主产区，下河乡下河村种植杨桃已有148年的历史。下河村杨桃种植总面积6500亩，年总产量2.5万吨，总产值1.2亿元，从事杨桃产业的农户有998户约1500人，占总户数的80%以上。下河村杨桃产业的进一步发展依赖于文化内涵的挖掘与弘扬，离不开休闲农业、乡村旅游、体验式农业等新型农业经营业态的培育与开发，此外，也亟须加

大现代农业技术的推广应用、拓展
新颖的销售模式，提高下河杨桃产
业的生态、经济效益及社会的综合
效益。

云霄杨桃科技小院建设目标为
通过深入挖掘杨桃产业文化内涵，
推动一二三产融合发展，进一步扩
大下河杨桃知名度，推动下河杨桃
产业发展。将下河村建设成集农业
观光、绿色采摘、农事体验、休闲
娱乐、历史文化观光、生态保护、
科普教育、杨桃产品展示等功能为
一体的现代农业产业园区暨杨桃文
化旅游生态观光园。

图1.3.6　云霄杨桃科技小院团队及简介

4. 永春芦柑科技小院

永春芦柑科技小院建立于2020年10月，依托单位为福建省永春绿源
柑桔专业合作社、永春县农村专业技术协会，共建单位包括福建省科协、
福建农林大学、福建省农业科学院、福建省农村专业技术协会、泉州市科
协、永春县科协等，由福建农林大学园艺学院王平教授带领4名研究生入
驻（图1.3.7）。

永春县是著名的"中国芦柑之乡"。芦柑产业成为农业生产支柱产业，
对永春县农业发展、农民增收、农村建设及各项事业进步作出重要贡献。
21世纪初期，由于柑橘黄龙病的流行危害，许多柑橘果园成片死亡，柑橘
生产遭受重大挫折。近年来，永春县柑橘黄龙病防控工作取得良好成效，
柑橘产业呈现从低谷开始回升的良好景象，正在逐步恢复壮大。福建省永
春绿源柑橘专业合作社现拥有永春芦柑示范基地面积500亩，合作社以示

图 1.3.7　永春芦柑科技小院

范芦柑果园为辐射点，在永春县推广芦柑新种植示范片 50 多个，面积达 2 万多亩。

　　永春芦柑科技小院建设目标为解决芦柑病虫害防治问题，实现芦柑产业经济和生态效益。主要工作内容包括聚焦永春芦柑黄龙病虫害问题，提高永春芦柑产量和质量，完善市场化机制、专业化服务和资本化运作方式充分发挥永春线上线下平台的优势，聚集创新资源和创业要素，实现永春特色效益创业创新 2.0 时代下 "产学研" 一体化发展。

5.莆田枇杷科技小院

　　莆田枇杷科技小院建立于 2020 年 10 月，依托单位为莆田市涵江区白沙镇圆润农业专业合作社，共建单位包括福建省科协、福建农林大学、福建省农业科学院、福建省农村专业技术协会、莆田市科协、涵江区委组织部、涵江区科协、涵江区农业农村局、涵江区科技局等，由福建农科院果树研究所郑少泉研究员、福建农林大学曾黎辉教授带领 4 名研究生入驻（图 1.3.8）。

　　莆田枇杷是国家地理标志产品，常太镇被称为 "中国枇杷第一乡"，现有面积 1.85 万亩，已建设田厝村优质枇杷科技特派员示范基地和澳柄村枇杷产业升级科技精准帮扶示范基地共75亩。成功嫁接的最新品种，预计亩产量可达1300公斤，每亩纯收入3万元。

莆田枇杷科技小院建设目标为开展枇杷产业改造升级，通过引进优良性状枇杷新品种进行更新换代，调整种植品种结构，解决树种老化、品种单一等问题。主要工作内容包括开展科研和技术服务，解决枇杷及农业产业发展中的问题和难题等。

图1.3.8　莆田枇杷科技小院

6. 松溪甘蔗科技小院

松溪甘蔗科技小院建立于2020年10月，依托单位为福建省民盛健康科技有限公司，共建单位包括福建省科协、福建农林大学、福建省农业科学院、福建省农村专业技术协会、南平市科协、松溪县科协等。由福建农林大学国家甘蔗工程技术研究中心邓祖湖研究员带领4名研究生入驻（图1.3.9）。

南平市松溪县郑墩镇万前村的甘蔗始种于清朝雍正四年（公元1726年），至今已有近300年历史。万前村甘蔗二百多年来一直未换过种，每年都会萌发新株，每年都有收成。2016年，享有"世界第一蔗"美誉的百年蔗（图1.3.10），被农业农村部列为中国农业文化遗产，"万前百年蔗"2018年荣获国家地理标志证明商标。福建省民盛健康科技有限公司土地流转"百年蔗"种植面积810亩，种植基地300余亩，有"百年蔗"红糖生产厂房面积3000余平方米。

福建松溪甘蔗科技小院建设目标为开展百年蔗科学种植、科研以及科

图 1.3.9　松溪甘蔗科技小院　　　　　图 1.3.10　百年蔗栽种地

技成果转化，培育拥有自主知识产权的知名品牌，开发百年蔗相关产品，逐步实现产业化，为实现赋能式扶贫提供一条切实可行的示范道路。

7.长泰火龙果科技小院

长泰火龙果科技小院建立于2021年5月，依托单位为福建省漳州市长泰区诚毅生态农业有限公司，共建单位包括福建省科协、福建农林大学、福建省农业科学院、福建省农村专业技术协会、漳州市科协、长泰区科协、福建省热带作物科学研究所等，由福建农林大学林金石教授等专家带领10名研究生入驻（图1.3.11）。

诚毅生态农业有限公司主营红心火龙果的种植、育苗、销售、加工，在长泰区岩溪镇湖珠村建有一片面积162亩的高标准红心火龙果示范园，辐射带动周边村民种植5000多亩火龙果，全村从事火龙果产业的种植户占总户数的79%以上。湖珠村2016年被农业部认定为全国"一村一品"（红心火龙果）示范村；2018年被农业农村部列入乡村振兴科技引领示范村。为了进一步推动湖珠红心火龙果产业的发展，在区委区政府的重视支持下，湖珠红心火龙果种植基地打造了集农业观光、绿色采摘、农事体验、休闲娱乐、历史文化观光、生态保护、科普教育等功能为一体的现代农业暨文化旅游生态观光园，实现基地科普示范带动周边一片发展红心火龙果的联动效应，依托先进技术引领行业发展，以"公司+家庭农场+农户"生产模式，带动同行企业及农户的发展，带动农户户均年增收6800元以上。

长泰火龙果科技小院建设目标为集中各种优势资源，解决有机肥施用不规范、栽培过于粗放、产量不稳定、局部滞销等问题，提升红心火龙果产业链的市场竞争力。主要工作为火龙果稳产高效的有机新型肥料、土壤改善、土壤调酸技术的研发，通过施用新型肥料增加土壤养分，改良土壤酶活力。

图1.3.11　长泰火龙果科技小院

8. 福清龙眼科技小院

龙眼科技小院建立于2022年4月，依托单位为福建梦田小镇农业科技实业发展有限公司，共建单位包括福建省科协、福建农林大学、福建省农业科学院、福建省农村专业技术协会、福州市科协、福州市农技协、福清市科协、福清市农技协等。由福建农林大学园艺学院教授林玉玲团队带领10名硕（博）研究生入驻（图1.3.12）。

福清市渔溪镇有"龙眼之乡"

图1.3.12　福清龙眼科技小院

美誉，渔溪龙眼是国家地理标志产品，福清渔溪镇种植龙眼1万多亩，是福清的主要农产品之一。渔溪镇有许多老树龙眼，主要品种有"大鼻龙""友谊106""九月乌""顺丰本""东宝""红核""立冬本"等，成活率高，结果快，产量高，糖度高，上市时间长，是当地农民的首选果树品种。福建梦田小镇农业科技实业发展有限公司基础设施齐全，是农业龙头企业，有基地2000亩，是福清市新型职业农民实训基地，"2018年福建省学会驱动创新服务站"，"2019年福建省农业物联网示范基地"。选送的"冬宝9号"、友谊"106"和"松风本"分别荣获2021年福州"龙眼王"金奖、银奖和优质奖。

福清龙眼科技小院建设目标为通过开展常态化科技服务活动，为渔溪特色品牌龙眼产业发展提供技术服务，培育新品种、改良老品种等。

9.诏安青梅科技小院

诏安青梅科技小院建立于2022年4月，依托单位为漳州市诏安县青梅协会，共建单位包括福建省科协、福建农林大学、福建省农业科学院、福建省农村专业技术协会、闽南师范大学、漳州市科协、福建省热带作物科学研究所、诏安县科协等。由南京农业大学高志红教授团队、福建省食品工业协会林玉明高级工程师、福建省农科院林一心研究员带领4名研究生入驻（图1.3.13）。

图1.3.13　诏安青梅科技小院

诏安县是"中国青梅之乡","诏安红星青梅"是国家农产品地理标志产品，青梅产业是诏安县主导产业，全县青梅种植面积达13.3万亩，总产量达10.5万吨，全产业链产值达60亿元，年出口产值达8000多万美元，是我国青梅主要生产、加工和出口产业基地，实现了三产融合发展。诏安县青梅协会是县政府成立的专业协会，由该县青梅种植加工企业、青梅种植基地代表、青梅营销人员代表、政府有关部门人员等组成，助力青梅产业发展。现有青梅加工企业130多家（当中有会员单位38家），其中规模以上青梅加工企业21家，协助引进国内外的先进加工工艺，对接厦门大学、南京农业大学、福建农林大学、福建省农科院等高校、科研机构合作开发新产品，签约《中国食品报》为产业宣传推广战略合作媒体。

诏安青梅科技小院建设目标为改良和认定老品种、矮化改造老果园、修复和改良土壤，研发树下套种植物（或食用菌）的技术、青梅的纯果发酵技术，以及盐渍、糖渍产品的废水处理技术。

10. 建阳桔柚科技小院

建阳桔柚科技小院建立于2022年4月，依托单位为南平安然生态农业有限公司，共建单位包括福建省科协、福建农林大学、福建省农业科学院、福建省农村专业技术协会、南平市科协、南平市农技协、建阳区科协、建阳区发展改革与科技局等。由福建农林大学潘腾飞副教授组织专家，带领3名研究生常驻（图1.3.14）。

建阳桔柚是具有自主知识产

图1.3.14　福建建阳桔柚科技小院

权的柑橘品种，是国家地理标志产品，是我国柑橘产业结构调整的主要品种，全区种植规模7万亩，是建阳区乡村振兴的主导农业产业。南平安然生态农业有限公司建立了220亩试验果园，亩产量2500公斤，亩产值2万多元，其中有135亩建阳桔柚生产科研基地。负责人是建阳桔柚品种选育首席专家潘腾飞，致力建阳桔柚研究30年，与福建农林大学、福建省农业科学院长期合作，取得了一系列成果，在品种选育方面多次获奖。

建阳桔柚科技小院的建设目标为通过老果园改造、品种选育、褐斑病防治研究，推广普及桔柚种植技术，促进农户增收。

三、茶叶类科技小院

1.建瓯闽北乌龙茶科技小院

建瓯闽北乌龙茶科技小院建立于2019年6月，依托单位为福建省南平市建瓯市东峰镇成龙茶厂，示范基地为建瓯市松清茶厂，共建单位包括福建省科协、福建农林大学、福建省农业科学院、福建省农村专业技术协会、南平市科协、建瓯市科协、中国农业大学等，由福建农林大学郭玉琼教授带领4名研究生入驻（图1.3.15）。

建瓯市是著名的乌龙茶——"北苑贡茶"产地，全市现有茶园面积12.6万亩，茶产业是当地农业的重要支柱产业。成龙茶厂有示范茶园500亩。建瓯闽北乌龙茶科技小院建设目标为围绕茶产业链中的生态茶园绿色防控、茶叶加工设备改造升级、茶叶加工技术提升、茶叶品质鉴评等，确保茶园绿色、安全，茶叶产品质量稳定，为建瓯乌龙茶产业发展提供产业技术服务，制定产业技术标准，培养产业发展人才，助推建瓯茶产业向高质量转变，提升建瓯乌龙茶产业品牌价值。

图 1.3.15　建瓯闽北乌龙茶科技小院

2.尤溪红茶科技小院

尤溪红茶科技小院建立于2020年10月，依托单位为福建省三明市尤溪县坂面镇尤溪县光兴茶业有限公司、尤溪县云富茶业有限公司，共建单位包括福建省科协、福建农林大学、福建省农业科学院、福建省农村专业技术协会、三明市科协、尤溪县科协、尤溪县茶叶技术推广站等。由福建农林大学杨江帆教授带领7名研究生入驻（图1.3.16）。

尤溪从清朝年间就开始生产红茶，至今已有三百多年的历史。尤溪红极具地方区域品质特征，为闽红的后起之秀。尤溪县于2005年入选全国第

图 1.3.16　尤溪红茶科技小院

二批无公害茶叶生产示范基地县，2011年获评全国十大生态产茶县，2014年注册"尤溪红"地理标志证明商标。目前，尤溪县全境均生产"尤溪红茶"，以种植在中高海拔的山地茶叶为佳。全县茶叶总面积69061亩，产量12153吨，其中生产各类红茶2332吨，产值达到5.27亿元，茶产业已成为尤溪发展的主要特色产业以及农民增收的重要渠道。

尤溪红茶科技小院建设目标为提升尤溪茶叶效益、推动尤溪茶产业高质量发展。主要工作内容包括围绕尤溪茶产业发展中的关键技术问题，在茶园生态、茶叶品质、茶叶功能成分、茶叶品牌等四个方向开展研究和服务。通过在实验茶园里采取有机肥施用、豆科植物与茶树间作、生物炭添加等土壤改良措施，提升茶叶产量和品质。

3.福安红茶科技小院

福安红茶科技小院建立于2021年5月，依托单位为福建农垦茶业有限公司和福建新坦洋集团股份有限公司，共建单位包括福建省科协、福建农林大学、福建省农业科学院、福建省农村专业技术协会、宁德师范学院、宁德市科协、福安市科协等，由福建农林大学孙云副教授、宁德师范学院刘伟教授带领3名研究生入驻（图1.3.17）。

图1.3.17　福安红茶科技小院

福安市是"坦洋工夫"红茶的发祥地，茶业是福安市最具特色的传统产业。目前，福安市共有茶园面积30万亩，涉茶人口42万人、茶企600多家，2022年毛茶产量2.81万吨，产值16.65亿元。曾先后获得"中国茶叶之乡""全国十大重点产茶县""全国十大生态产茶县""国家级茶叶标准化示范县""中国红茶之都"等荣誉。

福安红茶科技小院建设目标为围绕福安红茶茶园管理、病虫害防治、种质资源、红茶加工等方面开展课题研究，降低茶园病虫害，提升精加工产能，提升福安茶产业综合效益，提高福安红茶知名度。具体包括培育红茶品牌，通过举办茶事活动，扩大品牌影响力。

4.安溪铁观音茶科技小院

安溪铁观音茶科技小院建立于2022年4月，依托单位为福建省惜缘生态农业开发有限公司，共建单位包括福建省科协、福建农林大学、福建省农村专业技术协会、泉州市科协、泉州市农技协、福建省茶产业发展研究中心、安溪县科协等。由福建农林大学范水生教授组织专家团队，已有师生16人入驻（图1.3.18）。

图1.3.18 安溪铁观音茶科技小院

安溪铁观音是当地的主导产业，国家地理标志产品，全县种植面积达60余万亩。福建省惜缘生态农业开发有限公司是福建农林大学安溪茶学院的科教基地，也是一家示范性的产学研实体，具有设立科技小院的各种良好软、硬件条件，政产学研用特点突出。

安溪铁观音茶科技小院建设目标为建设生态茶园、绿色化生产茶叶、制定标准、推广"茶树疏植留高集成生态技术"和"独株栽培，整纵育养"技术等，并将技术辐射全县，实现综合改善茶园生态环境，提高茶叶品质，为产业振兴提供有效支撑的终极目标。

5. 大田乌龙茶科技小院

大田乌龙茶科技小院建立于2022年4月，依托单位为福建省江山美人茶业有限公司，共建单位包括福建省科协、福建农林大学、福建省农村专业技术协会、三明市科协、三明市农技协、大田县科协等。由福建农林大学叶乃兴教授和金珊副教授共同组织专家，带领研究生常驻（图1.3.19）。

大田高山茶是国家地理标志产品，具有显著的高山茶韵和持久耐泡的品质特征。大田县是"中国高山茶之乡""全国绿色食品茶叶标准化生产基地县""国家级茶叶标准化示范县"。福建省江山美人茶业有限公司是一家集茶叶研发制作、旅游观光、茶品销售为一体的连锁生态茶业公司，茶业基地平均海拔1000米以上，拥有生态茶园面积2100多亩（含有机认证茶园800多亩），带动周边农户建立茶叶基地3300亩。江山美人茶业于20世纪90年代初引进优良台茶品种及精湛的制茶工艺，通过改良茶园土壤、规范化种植，对茶叶的生产、制作实行严格的质量监控，保证产品质量稳定性与优

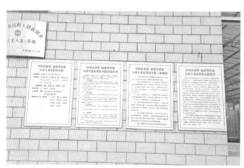

图1.3.19　大田乌龙茶科技小院

质性，产品远销全国各大城市、欧洲和东南亚地区。

大田乌龙茶科技小院的目标为建设生态茶园、绿色化生产茶叶、制定标准、推广生态茶园种植技术等，为产业振兴提供有效支撑。

四、蔬菜类科技小院

1.闽侯青梗菜科技小院

闽侯青梗菜科技小院建立于2019年6月，依托单位为福建金品农业科技股份有限公司，共建单位包括福建省科协、福建农林大学、福建省农村专业技术协会、福州市科协、闽侯县科协、中国农业大学等。由福建农林大学园艺学院吴双教授带领8名研究生入驻（图1.3.20）。

青梗菜原产于中国，是普通白菜中一类叶片亮绿、束腰、品质优良的品种。科技小院依托单位主营青梗菜种子研发、生产、销售，现有育种基地100多亩，繁育基地6000亩，青梗菜种子市场占有率在全国领先。在全国设有56个新品种试验示范点，进行新品种筛选、示范。研发的杂交系列青梗菜种子年销量30多万公斤，年推广面积约为120多万亩以上，已成为国内许多地区的主栽品种，占据全国总销量的20%左右，市场占有率位列

图 1.3.20　闽侯青梗菜科技小院

全国第一。

闽侯青梗菜科技小院建设目标为建设集农业科技创新、农业技术服务、农村科学普及、人才培养培训四位一体，服务闽侯青梗菜产业振兴的平台。主要工作内容包括扎根田间地头，常年开展科技服务活动等。

2.永安蔬菜科技小院

永安蔬菜科技小院建立于2021年5月，依托单位为福建省三明市永安市农技协、永安市小陶镇五一村，共建单位包括福建省科协、福建农林大学、福建省农业科学院、福建省农村专业技术协会、三明市科协、三明市农村专业技术协会、永安市科协、永安市小陶镇人民政府等，由福建农林大学陈清西等专家教授带领2名研究生入驻（图1.3.21）。

图1.3.21　永安蔬菜科技小院

永安蔬菜科技小院建设目标为进行莴苣裂茎防控、辣椒病害防控实验，推广高优蔬菜品种，通过蔬菜基地建设，带动周边村民发展蔬菜生产，提高莴苣的产量、品质和经济效益。

3.上杭萝卜科技小院

上杭萝卜科技小院建立于2021年5月，依托单位为福建省龙岩市上杭县永宝萝卜专业合作社，共建单位包括福建省科协、福建农林大学、福建省农业科学院、福建省农村专业技术协会、龙岩市科协、上杭县科协等，由福建农林大学园艺学院教授钟凤林等专家带领6名研究生入驻（图1.3.22）。

上杭县具有适宜萝卜生长的气候条件、土地资源和丰富的生产、加工经验，已发展种植萝卜2.1万亩，种植户1000多户，年产量在3.4万吨以上，产值2000多万元。萝卜的延伸产业上杭萝卜干作为"闽西八大干"之一，在福建早已有名，是百姓脱贫致富的重要经济收入，是上杭农业发展和农民增收的重要支柱。2015年，"上杭萝卜干"正式成为国家地理标志证明商标。

图1.3.22　上杭萝卜科技小院

上杭萝卜科技小院建设目标为开展萝卜-生姜、萝卜-玉米、萝卜-线椒三种萝卜高效栽培轮作模式的研究，改善土壤结构，减少灭除杂草和土传性病虫害，提高萝卜品质，解决上杭萝卜产业种植结构松散、栽培技术相对落后、病虫害防控不到位等问题。主要工作内容包括通过入驻专家和研究生开展科技联合攻关，针对萝卜栽培的全流程进行技术创新，在萝卜新品种引进与示范、水肥高效利用研究、病虫害绿色防控和电子商务等领域进行深入研究。

4.德化淮山科技小院

德化淮山科技小院建立于2022年4月，依托单位为德化县泰生元农业综合开发公司、德化淮山专业技术协会，共建单位包括福建省科协、福建

图 1.3.23 德化淮山科技小院

农林大学、福建省农业科学院、福建省农村专业技术协会、泉州师范学院、泉州市科协、泉州市农技协、德化县科协等。由福建农林大学侯毛毛副教授、黄怡副教授，泉州师范学院郑宗平副教授，福建省农科院陈阳副研究员、马丽娜农艺师带领6名研究生入驻（图1.3.23）。

德化淮山是省名牌农产品，国家地理标志产品，种植面积3.2万亩，年产值达3.33亿元，德化县泰生元农业综合开发公司开发生产淮山系列加工产品20个以上，带动农户1.3万户，英山村被农业农村部评为全国"一村一品"示范村镇。德化县泰生元农业综合开发公司和德化淮山专业技术协会与泉州师范学院海洋与食品学院、福建省农业科学院等科研院校合作开发有20多种淮山冻干系列食品。产品畅销全国各地及出口瑞士、智利、马来西亚、欧洲等国家和地区。同时，建设观光工厂、鱼塘、游步道、芹峰阆苑、淮山迷宫、淮山观光园、农家乐等一系列项目，吸引各地游客来观光旅游，做好一二三产业融合全面发展。

德化淮山科技小院建设目标为改良和认定优良品种，提高德化淮山的种植技术，提高农户的经济效益。

5.仙游茄果类蔬菜科技小院

仙游茄果类蔬菜科技小院建立于2022年4月，依托单位为福建省意达科技股份有限公司，共建单位包括福建省科协、福建农林大学、福建省农业科学院、福建省农村专业技术协会、莆田市科协、莆田市农技协、仙游县科协等。由福建农林大学侯有明教授组织专家，带领研究生常驻（图1.3.24）。

茄果蔬菜（西红柿和辣椒）是仙游县农业重要产业之一，荣获首批国家农作物品种展示评价基地和福建省种业创新品种评价基地。

福建省意达科技股份有限公司是一家集蔬菜良种选育、种苗生产、生产标准示范、栽培管理技术咨询服务、农资配送、产品购销于一体的综合性农业科技公司，系福建省农业产业化省级重点龙头企业。采取"公司+农户"模式，统

图1.3.24　仙游茄果类蔬菜科技小院

一提供技术、种苗和生产资料的"研、产、供、销"一条龙服务，生产基地780多亩，其中工厂化育苗车间120000多平方米。

仙游茄果类蔬菜科技小院的建设目标为致力于茄果类、瓜果类蔬菜良种选育、工厂化育苗和栽培技术的示范推广。

6.建宁莲子科技小院

建宁莲子科技小院建立于2022年4月，依托单位为福建文鑫莲业有限责任公司，共建单位包括福建省科协、福建农林大学、福建省农村专业技术协会、三明市科协、三明市农技协、建宁县科协、建宁县农技协、建宁县农业农村局等。由福建农林大学刘生财副教授组织专家，带领2名研究生入驻（图1.3.25）。

建宁县素有"全国生态示范县""全国农业旅游示范县""中国建莲之乡"美誉。福建文鑫莲业有限责任公司厂区占地50余亩，建筑面积3万

图 1.3.25　建宁莲子科技小院

平方米，自建种植基地 1100 亩，主要生产和销售干莲子、莲副产品和以莲产品为原料的深加工产品，开发了"建莲"品牌系列产品，是国家扶贫龙头企业、全国绿色食品示范企业、农业产业化省级重点龙头企业、省级企业技术中心，带动建莲种植 2000 多亩，带动莲农 220 户。

建宁莲子科技小院建设目标为契合建宁莲子产业需要，围绕提升建宁莲子效益开展莲子种质创制、莲子高效栽培与深加工、莲子品牌与文化 3 个方向的研究，发挥莲产业链综合效益，带动一二三产业深度整合，推动莲子产业链转型升级，助力乡村振兴。

五、花卉类科技小院

1. 三明兰花科技小院

三明兰花科技小院建立于 2019 年 6 月，依托单位为三明市森彩生态农业发展有限公司，共建单位包括福建省科协、福建农林大学、福建省农村专业技术协会、三明市农业科学研究院、三明市科协、沙县科协、中国农业大学等。由福建农林大学彭东辉教授带领 4 名研究生入驻（图 1.3.26）。

花卉是福建省十大千亿农业特色产业之一。科技小院现已建成兰花种源开发、组培、栽培、销售于一体的 2 万平方米智能大棚，种植成品兰花

100多万盆，年产兰花育苗300多万株，开发国兰品种近千种，已在省内外推广种植。

　　建设目标为打造"全国最大的国兰组培研发中心"，建设集优质兰花组培选育、自动化练苗、兰花培养于一体的现代化国兰研发和种植基地。推动三明兰花产业的规范、高效发展；提高三明市兰花栽种技术水平，提高兰花品质与产量，促进花农节本增收。

2.漳州水仙花科技小院

　　漳州水仙花科技小院建立于2022年4月，依托单位为漳州圆山

图1.3.26　三明兰花科技小院

水仙花发展有限公司，共建单位包括福建省科协、福建农林大学、福建省农业科学院、福建省农村专业技术协会、闽南师范大学、漳州市科协、漳州高新区科协、漳州水仙花协会等。由福建农林大学吴菁华副教授和曾黎辉教授负责组织专家团队，带领3名硕（博）研究生入驻（图1.3.27）。

图1.3.27　漳州水仙花科技小院

漳州水仙花是国家地理标志产品，栽培已有六百余年的历史，2020年漳州水仙花总产量约2000万粒，产值约1亿元，占全国市场97%以上的份额，是全国最大的水仙花栽培生产基地。2020年漳州水仙花"漳州三宝"之一登上央视采访，两件水仙花雕刻作品在第十届中国花卉博览会荣获展品类银奖。漳州圆山水仙花发展有限公司为国有企业，公司所管理的水仙花海景区现已划定保护区6000亩，其中核心保护区达3000亩，可作为核心技术研究和示范田。

漳州水仙花科技小院建设目标为通过开展新品种和新应用模式示范研究，发展好专业的、稳定的水仙花核心种植技术，共同保护与传承水仙花文化，提高生产效益，增加农户收入，助推乡村振兴。

六、畜禽类科技小院

1. 上杭通贤乌兔科技小院

上杭通贤乌兔科技小院建立于2020年10月，依托单位为福建省龙岩市上杭县兔业协会、上杭鑫源乌兔专业合作社，共建单位包括福建省科协、福建农林大学、福建省农业科学院、福建省农村专业技术协会、龙岩市科协、上杭县科协等，由福建省农科院畜牧兽医研究所谢喜平教授、福建农林大学刘庆华副教授带领4名研究生入驻（图1.3.28）。

上杭县地处福建省山区，当地山多地少，土地肥沃，水质好，适宜牧草种植。发展黑兔养殖业是上杭县财政增收及优化农业产业结构的主要项目之一。黑兔养殖业具有投资小、见效快、效益高等特点，对推动上杭县农业产业结构的优化调整具有重要意义。福建上杭通贤乌兔科技小院的建设目标为开发利用"通贤乌兔"品种资源、繁荣农村养殖经济、互通信息、互助合作、开拓市场。主要工作内容包括常态化开展乌兔养殖科研和技术指导工作、每年对协会成员开展4~5期的集体培训，不断提高乌兔养殖技术水平。

目前已建成"通贤乌兔"示范基地2个，示范家庭农场32个。

2. 南安蜜蜂科技小院

南安蜜蜂科技小院建立于2021年5月（图1.3.29），依托单位为南安市蜜蜂产业协会，共建单位福建省科协、福建农林大学、福建省农业科学院、福建省农村专业技术协会、泉州市科协、南安市科协、南安市农业科学研究所等，由福建农林大学周冰峰教授等带领6名研究生入驻。

近几年来，南安市人民政府大力推动养蜂项目发展，南安蜜蜂放养分布在向阳、九都、英都等23个乡镇，全市共养殖蜜蜂10万多群，参与的合作社、家庭农场、农业企业等农业新型主体及农户1000多家，年产蜂蜜1500多吨，年产值高达1.5亿多元。通过蜜蜂为南安农林作物授粉面积高达1800多平方千米，带动南安农林增收20亿元以上。2021年"南安蜂蜜"获得国家地理标志证明商标。南安蜜蜂产业已成为南安市

图1.3.28　上杭通贤乌兔科技小院

图1.3.29　南安蜜蜂科技小院

特色及优势主导的林下经济产业。南安市向阳乡被福建省林业厅认定为"林下经济示范乡镇"。

南安蜜蜂科技小院建设目标为推进南安蜜蜂产业的跨步发展，带动南安市农户300户以上增收致富，促进林下经济提质增效。主要工作内容包括培养本土化蜂产业人才，推动南安市蜂业的发展。

七、水产品类科技小院

1.连江海带科技小院

连江海带科技小院建立于2019年6月，依托单位为福建连江县官坞海产开发有限公司，示范基地为福建中新永丰实业有限公司、福建亿达食品有限公司两家企业。共建单位包括福建省科协、福建农林大学、福建省农

业科学院、福建省农村专业技术协会、福建省水产技术推广总站、福州市科协、连江县科协、中国农业大学等，由福建农林大学陈继承副教授、张子平副教授带领2名研究生入驻（图1.3.30）。

图 1.3.30　连江海带科技小院

连江县是"中国海带之乡"，连江海带入选"最具影响力水产品区域公用品牌"，中国国家地理标志产品。连江养殖历史悠久，产业链完整，质量特色鲜明，独特品质与产地地理和人文因素密切相关，口感柔嫩、味道独特，营养丰富。2019年，连江海带养殖面积已达到7万多亩，产量20多万吨，产值十三多亿元。

连江海带科技小院的建设目标为探索海带良种培育、海带养殖模式改进与提升、精深海带产品研发，为农民增产、增效、增收提供帮助。主要工作内容包括围绕海带繁育创新发展需求，科技小院开展海带养殖主导品种培育、海带生态健康养殖指导、海带产品质量安全控制及新品研发，为企业良种及海带产品创新提供技术支持，促进良种创新成果推广及应用。

2. 宁德大黄鱼科技小院

宁德大黄鱼科技小院建立于2020年10月，依托单位为福建省宁德富发水产有限公司，共建单位包括福建省科协、福建农林大学、福建省农业科学院、福建省农村专业技术协会、宁德市科协、蕉城区科协等，由福建省农科院许斌福副研究员、福建农林大学邵建春副教授带领5位研究生入驻（图1.3.31）。

大黄鱼是我国特有的地方性珍贵海洋鱼类，也曾是我国海洋4大主捕对象之首；具有2500多年悠久的捕捞文化，其体色金黄、肉质细嫩，在我国福建、广东、香港、澳门、台湾等地，视其为财富和吉祥

图1.3.31　宁德大黄鱼科技小院

的象征。20世纪70年代濒临灭绝；1995年批量育苗和养殖产业化成功；2018年大黄鱼育苗量32.57亿尾，占全国海水鱼育苗量的25.37%，居全国第一；养殖产量达19.8万吨，占全国海水鱼养殖产量的13.24%，居全国海水鱼产量第一。富发水产有限公司建有国家级大黄鱼原种场，建有现代化苗种繁育基地和陆基养殖基地，占地50亩。

宁德大黄鱼科技小院的建设目标为建立"种质改良-良种创制-高效养殖-产业支撑和服务"的产业创新模式。主要开展大黄鱼、黄姑鱼、条石鲷、斜带髭鲷等海水鱼类的种质保持、新品种选育、病害防治、营养需求等研究。

3. 平潭坛紫菜科技小院

平潭坛紫菜科技小院建立于2021年5月，依托单位为福建省平潭县水产良种实验有限公司，共建单位福建省科协、福建师范大学、集美大学、福建农林大学、福建省农业科学院、福建省农村专业技术协会、平潭综合实验区科协、福建省水产技术推广总站、平潭综合实验区农业农村局等，由福建师范大学林岗副教授带领5名研究生入驻（图1.3.32）。

福建省平潭县水产良种实验有限公司是一个集苗种培育、养殖技术推广及科技研发于一体的民营科技型企业，每年培育紫菜苗2000万壳，坛紫菜良种原种1000瓶，提供40000亩优质紫菜苗以及10万亩种，产值5000

图1.3.32　平潭坛紫菜科技小院

万元。

平潭坛紫菜科技小院建设目标为进一步开展坛紫菜良种选育技术研究，主要工作内容包括研发高产、抗病变能力强的坛紫菜新苗种，推广翻转式养殖，高良、闽丰、申福等系列新品种的养殖技术。

4. 福鼎鲈鱼科技小院

福鼎鲈鱼科技小院建立于2022年4月，依托单位为福建连闽威实业股份有限公司，共建单位包括福建省科协、上海海洋大学、福建农林大学、福建省农业科学院、福建省农村专业技术协会、宁德市科协、福鼎市科协等。由上海海洋大学鲍宝龙教授组织专家，带领研究生常驻（图1.3.33）。

福鼎是"中国鲈鱼之乡"，桐江鲈鱼是国家农产品地理标志产品。福鼎鲈鱼养殖面积11.5万亩，产量2万多吨，养殖个体户3000多户。鲈鱼产品深加工系列产品包括冰鲜鲈鱼、冰鲜鲈鱼段以及休闲食品鱼松系列产品。福建福鼎鲈鱼科技小院的依托单位——福建闽威实业股份公司，其是国家重点龙头企业，公司每年定期开展渔农技术培训、知识讲座及发放科普宣传材料，为渔农提供专业的技术指导和服务，带动4860户农户。申报了福建省科技厅星火项目"福鼎鲈鱼精深加工增值关键技术与产业化示范（项目编号：2020S0060）"1项，培养硕士研究生9名，发表中文核心期刊论文2篇，申请发明专利2项。

图1.3.33　福鼎鲈鱼科技小院

福鼎鲈鱼科技小院的建设目标为推进高品质鲈鱼养殖技术和精深加工系列产品的开发，带动相关产业的可持续发展，为鲈鱼科技小院发展融入前沿技术，扎实推进鲈鱼产业快速发展。

八、食用菌类科技小院

罗源食用菌科技小院

罗源食用菌科技小院建立于2021年5月，依托单位为罗源县食用菌研发中心，共建单位福建省科协、福建农林大学、福建省农业科学院、福建省农村专业技术协会、福州市科协、罗源县科协等，由福建农林大学胡开辉教授带领4名研究生入驻（图1.3.34）。

食用菌产业是罗源县农村脱贫致富的短、平、快生产项目。20世纪80年代，食用菌产业成为罗源县农村经济发展的主要产业之一。全县种植的品种主要有香菇、海鲜菇、黑皮鸡枞、竹荪、大球盖菇、草菇、黑木耳、姬菇、秀珍菇等品种，推广设施化栽培、标准化生产、网络化销售，形成"菌种生产、菌包加工、产品销售、废包回收"的专业化生产模式，针对食用菌产品深加工、菌源污染、病虫害防治等问题，加大科技攻关，促进食用菌产业

图1.3.34 罗源食用菌科技小院

上、中、下游环节衔接配合，延伸产业链条，推动一、二、三产业融合发展。特别是1998年，成功引种秀珍菇，秀珍菇成为罗源县食用菌产业优质特色主栽品种。2020年全县栽培食用菌2.29亿袋，销售鲜菇产量18.61万吨，实现第一产业产值10.92亿元，全产业链产值19.6亿元。2012年12月，福建省政府确定在罗源县起步镇创建省级农民创业示范基地（食用菌产业）；2019年6月，福建省财政厅、福建省农业农村厅批准起步镇为2019年农业产业强镇示范建设单位（食用菌产业），2019年9月，起步镇获批国家级食用菌产业强镇。

罗源食用菌科技小院主要工作内容包括针对食用菌产品深加工、菌源污染、病虫害防治等问题，加大科技攻关，促进食用菌产业上、中、下游环节衔接配合，促进食用菌产业上、中、下游环节衔接配合，延伸产业链条，推动一、二、三产业融合发展。

九、中药材类科技小院

1. 莆田中药材科技小院

莆田中药材科技小院建立于2021年5月，依托单位为莆田市涵江区乡村生态产业振兴研究院，共建单位包括福建省科协、福建农林大学、福建省农业科学院、福建省农村农业技术协会、莆田市科协、涵江区科协、涵江区大洋乡人民政府等，由福建农林大学林文雄教授、林生副教授等专家带领6名研究生入驻（图1.3.35）。

福建金线莲在亚热带地区使用历史悠久。莆田现仍有野生金线莲，此外，莆田市主要地道药材有建青黛、龙眼肉、枇杷叶、荔枝核、橄榄、余甘子、薏苡仁、黄栀子、银杏、百合、巴戟天、金线莲、三尖杉、石花菜、

图1.3.35　莆田中药材科技小院

海星、海马等，蕴藏量较大的有枇杷叶、龙眼肉、橄榄、余甘子、薏苡仁、知母、银杏、百合、巴戟天等。

莆田中药材科技小院的建设目标是为当地中药材产业提供优良品种种苗、林下仿野生栽培技术——土肥水管理、病虫害生态防控技术支持，打造大洋乡优质金线莲品牌，主要工作内容包括开展药用植物连作障碍形成机制及调控策略研究，金线莲中药材品种筛选及生态栽培技术研究，以及品种推广等。

2.连城铁皮石斛科技小院

连城铁皮石斛科技小院建立于2022年4月，依托单位为福建连天福生物科技有限公司，共建单位包括福建省科协、福建农林大学、福建省农村专业技术协会、福建省林业科学研究院、龙岩市科学、龙岩市农技协、连城县科协等。由福建农林大学卢旭副教授组织专家，带领研究生常驻（图1.3.36）。

连城县是铁皮石斛的原产地之一，其中冠豸山铁皮石斛为国家农产品地理标志产品，是全国著名的铁皮石斛品种。福建连天福生物科技有限公司是省级重点龙头企业，拥有5000平方米铁皮石斛组培中心，6000平方米铁皮石斛种质资源库和良种繁育中心，120亩设施仿野生种植示范基地，1000亩林下生态种植示范基地，规模投资5000万元以上，带动超过200户

图1.3.36 连城铁皮石斛科技小院

农民种植铁皮石斛，种植面积2000多亩，帮助当地闲散劳动力2000余人实现就业。目前公司与福建农林大学、中国科学院植物研究所、中国兰花学会、香港科技大学、上海中医药大学、福建省农科院等高校和科研院所长期合作，对铁皮石斛开展生物学测试和药理研究，推出铁皮石斛清养茶、铁皮石斛花饮和提神湿巾等加工品。

连城铁皮石斛科技小院的建设目标为研究生态种植技术，完善铁皮石斛种质资源库和良种繁育技术。

第四章

科技小院规范化建设与管理

　　福建省建立的33家科技小院，紧扣当地农业主导产业或特色产业，专家、研究生长年驻扎基层和农业生产第一线，依托有实力的农业企业或农村组织，科技人员和研究生扎根田间地头，开展科技创新、技术服务、科学普及和农民培训，成为助力乡村产业振兴的创新模式（图1.4.1）。通过创建科技小院，为农村和农业产业插上科技创新和科学普及的"双翼"，实现农业科技与农村、科技人员与农民零距离对接。

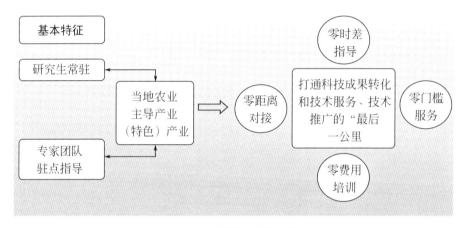

图1.4.1　科技小院的特征

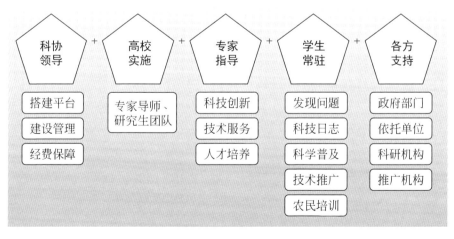

图1.4.2　科技小院的运行模式

"科技小院"实行"科协领导、高校实施、专家指导、学生常驻、各方支持"的运行模式（图1.4.2）。依托中国农技协科技小院联盟（福建），福建省在科技小院规范化建设与管理方面进行了积极探索，形成了有一定特色的发展路径，产生了较好的示范效应。

一、科技小院申报推荐

福建省科协根据年度安排，向各设区市科协下发"科技小院"的申报通知。全省各级、各类农技协，加入农技协的农业企业、农民专业合作社、村民委员会等，联合涉农高校（具有农业专业学位授权点）相关专家导师等共同申报。申报主体对照申报条件，拟定"科技小院"名称（由"省名+县名+产品名"组成），明确"科技小院"依托单位、共建单位和责任专家，并填写申请表，报送当地科协。当地科协按照规定程序进行初步筛选，推荐符合申报条件的单位，并经责任专家所在涉农高校同意后，逐级上报至"科技小院"联盟（福建）。

申报主体的筛选综合考虑以下因素：具有一定的产业优势（当地主导产业或特色产业），有主推的农业品种、技术或示范区，常年开展科技服务活动，覆盖范围广，成效显著，在乡村振兴中起示范带头作用；为入驻的"科技小院"团队提供基本的生活、办公、交通、培训等条件，并提供资金和安全保障；与高等院校、科研院所建立合作关系，开展常态化科技服务活动，解决当地产业发展中的难题，形成具有价值的科研成果或报告、论文等；具有法人资格，内部管理规范，有强烈的科技需求，能够开展相应的业务活动，承担相应的经济和法律责任；所在县（市、区）政府重视和支持，科协积极性和主动性高。

二、科技小院考察评选要求

"科技小院"联盟（福建）对各地科协报送的"科技小院"申请表进行形式审查，并组织专家进行考察。考察采用实地调研、座谈、访谈、视频等方式相结合，经专家集体讨论形成书面考察意见。"科技小院"联盟（福建）组织专家召开评审会，结合考察意见，讨论形成评审结果。由"科技小院"联盟（福建）上报评审结果，经福建省科协和中国农技协审定后，批准为"中国农村专业技术协会科技小院"，授予"科技小院"牌匾（图1.4.3）。经批准建设的"科技小院"，自动成为"科技小院"联盟（福建）和中国农技协"科技小院"联盟成员单位。

图1.4.3　科技小院牌匾

三、科技小院规范化建设要求

1.场所建设

场所设立在"科技小院"依托单位内，在场所门口悬挂"科技小院"

牌匾并在场所内醒目位置展示"科技小院"相关信息，包括基本情况、简介、工作制度等（图1.4.4）。

图1.4.4 科技小院场所建设

2.人员配备

"科技小院"设置责任专家1名，院长1名，必要时可设置首席专家。"科技小院"团队包括责任专家（首席专家）、导师、科技人员、研究生等，总人数不少于6人，其中常驻研究生不少于2人（图1.4.5）。

图1.4.5 科技小院人员配备

3.设施配套

提供住宿、餐饮等生活设施，满足"科技小院"团队入驻期间的生活

需要；提供必要的交通工具，方便专家、科技人员、研究生等入驻期间在基地、试验区与住宿地之间往返；配备办公桌椅、电脑、打印机、上网设施、多媒体展示等办公和培训设施设备（图1.4.6）。

图1.4.6　科技小院配套设施

4.制度建设

建立"科技小院"工作制度和内部管理制度（图1.4.7）。

图1.4.7 科技小院制度建设

5.服务内容

一是农业科技创新。紧扣产业转型升级中的重点、难点问题，提供产业发展趋势、产业升级技术路线图等专业咨询建议，帮助解决生产中的关键技术问题，推动科技成果在产业聚集、落地、生根、推广；通过科学研究、规律探索、调研分析、产品研发等，进行产品创新、技术创新，提高科研成果转化率；建立主推品种的技术、产品示范区（图1.4.8、图1.4.9），指派专人负责记录示范区日常运行情况。

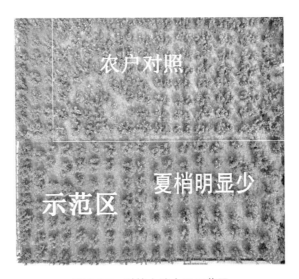

图1.4.8 科技小院大田示范区

图1.4.9　科技小院室内实验区

二是农业技术服务。聚集一批农业科技人才，将人才智力资源和科技资源引入当地，提升当地产业的技术水平；通过产品展示、技术引进、技术培训、技术示范、组织观摩等活动创新农业技术推广和服务模式，打破技术推广最后一公里瓶颈，提高技术到位率；通过提供产业技术支撑、全产业链技术服务等推动区域产业融合，实现提质增效、产业升级（图1.4.10）。

图1.4.10　科技小院技术示范、观摩及推广

三是农村科学普及。利用图文并茂的科技展板、科技墙报、科普画廊等形式普及农业科学知识；编印农村科普资料、科普宣传册、开设讲座、培训班，普及农业科学知识；利用传统媒体和新媒体平台宣传普及农业科学知识（图1.4.11）。

图1.4.11　科技小院多种科学普及方式

四是人才培养培训。通过采集信息、参与生产、跟踪记录、科学试验，了解影响产业绿色发展的因素，了解农户与产业的情况、成本产出与投入，了解生产、营销状况，了解产品产量与品质及其技术的关系，将论文写在大地上发表在刊物上，培养高素质、高水平研究生；整合相关资源，通过培训、帮扶、示范、交流等方式，培养乡土人才；结合农时开展指导，建立农民田间学校，举办实用技术培训班，培训新型职业农民（图1.4.12）。

图1.4.12　科技小院"田间出诊"及现场培训

四、科技小院运行管理规范

（一）职责分工

1.科协

省科协负责领导和组织开展全省"科技小院"建设与管理工作；各地科协负责协助开展本区域内"科技小院"建设与跟踪管理工作。

2."科技小院"联盟（福建）

联盟由福建省农村专业技术协会、福建省农村科普服务中心、福建农林大学、福建省农业科学院等单位组成，各科技小院均加入联盟。在福建省科协的领导和中国农技协的指导下，负责"科技小院"建设与管理工作的具体实施，职责主要包括：组织拟定"科技小院"相关制度、目标和计划；组织开展全省"科技小院"申报推荐、考察评选、任务签订、考核评估等工作；督促落实全省"科技小院"任务实施情况；协调处理全省"科技小院"建设与管理相关事项；做好与福建省科协、中国农技协"科技小院"联盟等工作对接。

3."科技小院"依托单位

"科技小院"依托单位职责主要包括：建立主推的品种、技术或产品示范区及现场观摩培训区；根据产业情况提出"科技小院"团队需要研究解决的技术问题；为入驻的"科技小院"团队提供基本的生活、办公、交通、培训等条件，并提供安全保障；积极发挥带头示范作用，带动当地相关产业发展。

4."科技小院"共建单位

涉农高校职责主要包括：优先满足常驻"科技小院"研究生的招生计划需求；将"科技小院"工作纳入研究生培养计划；明确入驻"科技小院"的导师、研究生名单、时间要求；指导和管理入驻"科技小院"的导师和研究生，并提供相应的支持和保障。

其他共建单位职责主要包括：派出相关专家加入"科技小院"团队；协助开展"科技小院"相关工作。

（二）绩效管理

由当地科协与"科技小院"依托单位签订项目任务书，明确"科技小院"建设的年度任务、绩效目标、进度安排、经费使用等内容。"科技小院"依托单位根据项目任务书的要求，完成以下绩效目标：建立示范区（试验区）不少于1个；研究生每年入驻时间不少于120d，编写科技活动日志不少于100篇；完成研究项目（课题）不少于1个，论文不少于2篇；设置科普宣传栏不少于1个，每年开展科普宣传工作不少于5次；每年组织开展技术服务不少于10次；每年编印农业生产技术推广或农村科普材料，印发不少于100份；每年开展技术培训与现场观摩会不少于2场，培训乡土人才和新型职业农民100人次及以上，受益农民200人次及以上；媒体报道不少于3篇；每年提交工作报告1份；实现农业增效、农民增收。

（三）经费管理

福建省科协对入选的"科技小院"给予一定的经费支持，并由当地科协将资助经费拨付至依托单位。鼓励当地政府、依托单位和社会力量给予"科技小院"经费支持。

"科技小院"资助经费根据财政部门、福建省科协等相关规定，按照项目任务书的要求进行开支，主要包括设备材料费、差旅费、交通费、培训费、专家咨询费、劳务费、出版印刷费、数据采集费等。

（四）安全管理

"科技小院"依托单位建立安全保障机制，制定安全应急预案，根据实际情况，开展应急宣传、培训或演练，保障"科技小院"团队入驻期间的人身、财产和饮食安全。

五、科技小院考核评估

"科技小院"建设满一年后，由"科技小院"联盟（福建）组织开展考核评估，根据评估情况，督促不达标的"科技小院"进行整改和提升。"科技小院"建设满三年后，由"科技小院"联盟（福建）组织开展考核评估，考核结果分为合格和不合格两个等级。考核结果为合格的，进入下一个建设期，持续做好日常的运行管理。"科技小院"考核评估方式包括自我评估、专家评估、第三方评估等。评估内容包括：团队组成情况；制度建设情况；设施配套情况；绩效目标完成情况；经费使用情况。"科技小院"建设期间，若考核结果不合格、建设期间发生重大安全责任事故、发生社会负面影响较大事件的，将进行摘牌并收回剩余专项经费。

第五章

福建科技小院的主要成效

福建省建立的33家科技小院紧扣当地农业主导产业或特色产业，依托有实力的农业企业或农村组织，科技人员和研究生扎根田间地头，常年开展科技服务活动。实现了"建设一个小院、入驻一个团队、辐射一个产业、示范农村一大片"的显著成效。

一、示范带动产业发展

1. 平和蜜柚科技小院

平和蜜柚科技小院为全县100多万亩蜜柚产业提供技术服务，通过减肥压酸、提质增效等先进技术，平均每亩可降低成本至少1000元，技术推广后可使全县农民增收10亿元以上（图1.5.1）。全年开展技术服务、技术培训80次以上，直接受益农民达到3000人次以上。

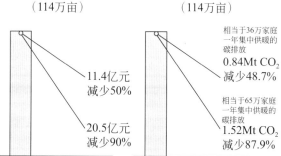

减肥意义重大！！
节本增收、提质增效、绿色减排、土壤健康、提高产业竞争力

2000元/亩
相当于22.8亿元
（114万亩）

CO_2 1.51t/亩
相当于1.73Mt
（114万亩）

11.4亿元
减少50%

20.5亿元
减少90%

相当于36万家庭一年集中供暖的碳排放
0.84Mt CO_2
减少48.7%

相当于65万家庭一年集中供暖的碳排放
1.52Mt CO_2
减少87.9%

图1.5.1　平和蜜柚科技小院"减肥压酸、提质增效"成果

2.浦城再生稻科技小院

浦城再生稻科技小院建成再生稻高产栽培示范面积6000亩左右，划分早熟再生稻和中熟再生稻品种两大类，建立相配套的高产高效生态安全栽培技术体系，并对当地种粮大户及骨干农民进行了多次技术培训，实地传授再生稻"三保两促一攻"高产栽培技术。再生稻头季平均亩产达726.58公斤，比传统栽培增产20.37%，目前已推广面积达15000多亩，成果达到国内领先水平（图1.5.2）。

图1.5.2　浦城再生稻科技小院示范田

3.永春芦柑科技小院

永春芦柑科技小院对芦柑高效稳产树形、预防早熟芦柑裂果、增进芦柑品质开展了研究，形成可操作和规范的技术。通过组织开展10多期培训，进行了科学技术普及，受训学员1300人次以上（图1.5.3）。发放各种科普资料两万多份，实地指导果农近700人次，带动200多户果农脱贫致富。已在永春县建立50多个柑橘种植示范片，面积2万多亩，新增社会经济价值1.8亿元，稳定永春芦柑的品质，助力永春芦柑产业的发展。

图1.5.3　永春芦柑科技小院田间观摩与现场培训

二、推动品种创新和技术培训

1.闽侯青梗菜科技小院

闽侯青梗菜科技小院通过青梗菜种质资源搜集、创新、鉴定、评价，选育出的青梗菜材料一年可繁殖2～3代，大大加快育种进程，为耐热、耐寒育种奠定好材料基础。已获得14个农业农村部植物新品种授权，建立了2个示范基地，带动农户280户，累计推广青梗菜种植面积1800亩，每亩增产150公斤。举办了多场次技术普及培训、田间观摩会，普及青梗菜的新品种，帮助农户解决栽培及病虫害防治问题，促进产业的创新与优化（图1.5.4）。

图1.5.4　闽侯青梗菜科技小院田间培训会

2.尤溪红茶科技小院

尤溪红茶科技小院通过对尤溪茶树品种的改良与引种，优化品种结构，改进与创新茶叶加工工艺，提高茶叶加工水平与品质水平，改良土壤，建设绿色茶园，提升尤溪茶产业整体效益，提高尤溪茶产业核心竞争力和可持续发展能力。建立2个示范区；开展科普宣传、技术培训20余次，受益农民300多人次，实现农业增效10%以上（图1.5.5）。

图1.5.5　尤溪红茶科技小院科普宣传与技术培训

3.松溪甘蔗科技小院

团队对百年蔗做了抗寒试验，建立起松溪百年蔗高效的良繁技术体系，普及百年蔗高产栽培技术、甘蔗主要病虫害的防控技术，提升农户的百年蔗种植技术，有效地规避了百年蔗在种植过程中遇到的问题，为百年蔗增产增收提供了保障，提高了百年蔗种植户的收入，做强以"百年蔗"为核心的产业。2021年"百年蔗"成功申报"中国重要农业文化遗产"（图1.5.6）。

图1.5.6　松溪甘蔗科技小院田间指导与培训

4.连江海带科技小院

连江海带科技小院指导官坞镇渔民开展海带育苗、养殖、加工、销售，促进当地建成全国最大无公害海带良种育苗基地（如图1.5.7）。近年来，连江海带科技小院共育有"连杂1号""连杂2号"系列海带苗，约15万片，可供养殖的面积达10万亩。海带良种示范辐射福建、山东、大连、浙江等地，带动了产业增产，农民增收。

图1.5.7　连江海带科技小院加工产品

三、打造特色农产品品牌

1. 建瓯闽北乌龙茶科技小院

建瓯闽北乌龙茶科技小院辐射服务全县11万亩茶园和茶产业链，成立首家建瓯闽北乌龙茶科技小院松清茶业示范基地，探索"1+N"科技小院建设服务模式。加强探索建瓯乌龙茶优质高产栽培模式，不断提高闽北乌龙茶科技小院在全产业链、全县域范围内的服务水平和辐射带动作用（图1.5.8）。研发"软枝乌龙栽培方式""宋代研膏茶工艺复原"等专利项目，并制定种植地域行业标准，提升了"北苑贡茶""闽北水仙""矮脚乌龙"品牌效应。

图1.5.8 建瓯闽北乌龙茶科技小院培训班

2.三明兰花科技小院

三明兰花科技小院对兰花切牙诱导技术的研究与开发，降低污染率、提高诱导成功率，获得了国家发明专利技术。对"沙阳奇蝶""皇冠明珠""瑶池月夜"等新品种进行组培推广，年推广幼苗15万株，并在沙县、清流、南靖等地推广种植（图1.5.9）。示范引导当地农民建造智能大棚2万多平方米，培育出近千种兰花品种并加以推广，并缩短了兰花的育种年限，每月可节约购买组培苗的成本约2万元。

图1.5.9 三明兰花科技小院新品种组培推广

四、建立科技志愿服务阵地

依托入驻科技小院的专家团队成立了科技小院科技志愿服务队，建立起了省科协在农村开展科技志愿服务的长期阵地，入驻的团队成为驻扎在农村"永久牌"的科技志愿服务队，也是科协开展科技志愿服务的一张亮丽名片（图1.5.10）。近三年，开展科技服务150多次，举办新品种技术观摩会260多场，举办乡土人才技术推广培训1600多人次，直接受益农民20000多人次，已申请专利20多项。

图 1.5.10　科技小院志愿服务队

第六章

福建科技小院服务乡村振兴经验总结

第一节　福建科技小院服务
乡村振兴的主要实施路径

党的十九大作出了实施乡村振兴战略重大部署,《中共中央 国务院关于实施乡村振兴战略的意见》,明确了实施乡村振兴战略的目标任务;党的二十大强调要全面推进乡村振兴,加快建设农业强国。实现农业农村现代化和乡村振兴,离不开农业科技的支持,离不开科学普及和农民科学素质提升。中国农技协科技小院就是肩负着这个新时代的新任务、新使命应运而生,并在短时间内迅速在全国推广。2021年2月,中央办公厅、国务院办公厅印发的《关于加快推进乡村人才振兴的意见》,将科技小院模式写入文件。

一、立足区域特色助力产业振兴

1. 将科技小院建在产业上

为体现科技小院服务地方特色,福建省农村专业技术协会制定"中国农技协福建科技小院建设管理指导意见"(闽农技协发2020-7号),要求科技小院申报单位必须立足当地主导特色产业,常年开展科技服务活动,覆盖范围广,成效显著,在乡村振兴中起示范带头作用。福建现有的33家科技小院，均聚焦当地主导特色农产品，如连江是水产大县，连江县是"中国海带之乡"，连江海带是国家地理标志产品；琯溪蜜柚是平和县特产，为地理标志保护产品。发挥科技小院优势，形成洼地效应，进行科技创新，吸引技术、人才、政策、资金等集聚，赋能农业高质量发展❶。

2.以技术服务推动产业发展

科技小院通过联系政府和企业，提供全产业链技术服务，建立了多元化的服务体系，带动特色产业、辐射周边，起到示范和推广作用，促进产业升级、生态保护的双赢发展。福建省科技小院组织科技工作者在农时季节对涉农企业、专业户、新型职业农民、农村实用人才等开展技术培训、技术示范、技术推广等科技志愿服务；结合疫情防控、产业特色、科普节日、乡村文化、旅游资源等开展科普活动，普及科学知识，传播科学思想，以点带面、示范引领、辐射带动，促进农村居民整体科学素质提升。充分发挥人才集聚优势，有效连接农业龙头企业，形成合作攻关强劲态势，强化优良品种选育与实用技术创新，并实施集成推广与成果转化，为农业增效提质与农民增收致富奠定厚实基础。

二、凸显绿色发展助力生态振兴

积极推进化肥农药双减双替代行动，实行种养加产业的废弃物循环利用，实施农业立体种养与资源综合利用，实现高产、优质、高效、安全、

---

❶ 韩牙琴.科技小院助力福建特色农产品优势区建设的实践探讨[J].福建热作科技，2021,46(2): 66-69.

生态的目标。绿色发展是现代农业提质增效与转型升级的重要举措，既要求资源节约，又要强化环境友好。进而要积极推进化肥农药双减双替代行动，实行种养加产业的废弃物循环利用，实施农业立体种养与资源综合利用，实现高产、优质、高效、安全、生态的目标。肥料作为基础的农业生产资料，关系到农业生产产量与质量。肥料行业作为承载肥料发展的平台与容器，需要有更广阔的空间与更好的机遇。肥料产品未来的发展方向应是高效率、更好地提升农产品质量、优化土壤、减少污染排放。通过优化氮磷钾的配比，从数量上准确地满足作物需要，尤其是在经济作物的增效效果上，要推广测土配方的方式，例如平和蜜柚科技小院师生开展氮磷钾施肥减量89%试验，综合集成优化处理可在保持产量稳定的同时实现果实品质的显著提升；2020年，受长期定位试验地的影响，周边20余农户主动接受并积极开展肥料投入减量行动，户平均肥料投入减少75%以上；同时，受科技小院带动，部分企业积极跟进绿色种植行动，示范范围进一步扩大。服务范围辐射平和县数万果农100多万亩蜜柚产业，可平均降低成本50%以上，推广后可使全县农民增收10亿元以上。

三、培养一懂两爱人才助力人才振兴

推动农业全面升级、农村全面进步、农民全面发展，实现农业农村现代化和乡村振兴，离不开科学普及和农民科学素质提升，离不开建设一支宏大的农村科技人才队伍，这就给农技协提出了新时代的新任务、新使命。中国农技协创建具有农技协特点的科技小院，成为农技协服务"三农"和乡村振兴的重要抓手。

由传统农业向现代农业转型必须加快农业科技人才队伍建设，切实发挥人才在农业发展中第一驱动力作用，形成依靠人才引领推动产业发展，在产业发展中培养造就人才的生动局面。科技小院建立的首要条件是确保有2名以上研究生长驻。同时，科技小院为研究生开展科学研究提供了一个试验示范基地，研究生在科技小院发现问题、分析问题、研究问题、解决问题，入驻专家带领研究生开展科技创新与推广服务，将理论与实践结合，让研究生真正成为农民的知心人，真正为培养高层次人才奠定基础。

专业学位硕士研究生以驻农村基地科技小院为载体，以技术人员身份开展农技服务，在农业技术示范和生产活动中发现、研究并解决生产实践中出现的问题，构建"学校+基地+乡村"三位一体的研究生培养新模式。师生在科技小院里生活、学习、工作，融入农民群众之中，随时跟农民进行交流，吃农家饭、干农家活，成为农民的朋友和自家人，不仅给农民做咨询，也做展示、做培训，跟他们一起来解决农业生产中的问题，提高农民种植技术水平，促进农业增产增效。通过这种方式的学习，学生们的科研能力、专业素质等综合能力都得到了提高，尤其有助于他们切实了解农村、农民的具体情况、生活需求，知道农民的困难和需求，从而更具"三农情怀"。

科技小院在实现科技兴农过程中，实现了专家与农民、科研与生产、育人与用人零距离，将科技小院建成"科技兴农、产业开发、科普教育、农民培训、人才培育"相结合的基地，让更多科技人员把论文写在广阔的大地上，让更多乡村农民在应用科技过程中获得收益，让更多青年人在科技创新创业中茁壮成长。

四、节事活动助力文化振兴

科技小院在深入挖掘产业生态、文化资源本底的基础上，所举办的橄榄节、杨桃节、蜜柚节、海带节、兰花节、甘蔗开镰节等节事活动，成为科技小院挖掘农业文化内涵、打造特色农产品品牌、推动一二三产业融合发展、带动产业提质增效的重要抓手。

第二节　福建科技小院服务
乡村振兴的经验总结

福建科技小院致力于引导农民进行高产高效生产，以科技为底色，以服务为本色，以"零距离对接、零时差指导、零门槛服务、零费用培训"为特色，不断丰富科技小院服务乡村产业、生态、文化、组织和人才振兴内涵。

一、加强顶层设计

构建"政产学研用"农业技术推广模式过程中，明确科技小院由科协主导，在共建单位上，除了涉农高校外，还增加了科协、农技协、涉农科研机构、农业技术推广机构，各相关主体在科技小院平台中所发挥作用的侧重点有所不同，又能在福建省科协的统一协调下实现良好运转。制定出台闽农技协发〔2020〕7号文件《中国农技协福建科技小院建设管理指导意见》，明确规定科技小院申报主体条件、评选程序、运行管理及验收、经费管理和使用。

二、注重科技驱动

以科技驱动产业发展是科技小院最重要的工作内容，具体包括用先进技术和设备的支持以及必要的更新服务助推农业产业发展。要解决产业发展过程中所遇到的一系列技术难题等，不仅需要有扎根农村的科技人员，还需要有项目的支持。农业农村的产业发展是种植、养殖、加工、休闲旅游等多方面的协调发展，要兼顾社会效益、经济效益、生态效益等多种需求。科技小院指导老师的单一专业能力往往无法满足地方农业发展的多样需求，因此要依托院校科研团队的力量，以指导教师培育主导产业为主，带动其他专业教师共同参与服务。科研项目一方面使科技小院能够获得整个科研团队技术人员以及项目资金的支持，另一方面在项目运行的过程中，专家的论证以及结题评审环节，能够不断提升指导教师的科研能力，保障了科技小院应用技术的可行性，从而给周边农业企业、农户起到示范引领的作用，带动更多的农户脱贫致富。

三、完善人才培养机制

在进院和常驻人员上，除必须确保有2名以上高校研究生长年驻扎、有明确的导师指导外，增加了涉农科研机构、技术推广机构的专家、科技人员，有的科技小院还邀请了省外专家作为特聘指导专家。研究生长年驻扎，是科技小院的基本特征。有常驻科技小院的研究生坚持写工作日志，在农业生产第一线常年蹲守，在田间地头与农民打成一片，导师专家随时跟进，才能发现问题、研究问题、解决问题，才能真正发挥专家团队的作用，发挥科技小院的功能。一方面，驻点的科技人员、在校研究生得到真正的锻炼，在实践中增长才干，提升科研能力，把论文和科研成果既写在农村广阔天地，又能发表在刊物上。长年驻点的研究生、科技人员既是学生，又是科研人员、农民、技术员、培训师。另一方面，科技小院坚持高度重视技术培训，积极激发农户内生动力，注重培养科技农民，实现从"输血"型外生性力量帮扶转向"造血"型内生性动力的转变。通过科技小院，培养一大批乡土人才和新型农民，推广农村实用技术，带动农民增收生产发展。

下篇

第七章

绿色崛起型——
平和蜜柚科技小院

根据《中国农业绿色发展报告2019》，2012～2018年全国农业绿色发展指数从73.46提升至76.12，在资源节约与保育、生态环境安全、绿色产品供给、生活富裕美好等方面得到不同程度改善，为生态文明建设提供了基础支撑。

第一节　农业绿色发展的时代价值

改革开放以来，我国农业发展取得巨大成就。然而，长期粗放式经营积累的深层次矛盾逐步显现。一方面，农业发展面临着资源与环境的双重约束，水土资源约束日益趋紧，农业面源污染加重，农业生态系统退化明显，农业持续稳定发展面临的挑战前所未有；另一方面，消费者对优质安全农产品的需求愈加旺盛，市场供给却不充分，供需失衡导致优质农产品市场结构性矛盾突出、价格波动幅度大，削弱其市场竞争力。生态和经济的双重压力导致农业生产结构必须做出深刻变革，而推动农业绿色发展是破解农业生产和优质农产品消费困境的重要手段之一[1]。

---

[1] 尹昌斌，李福夺，王术等.中国农业绿色发展的概念、内涵与原则[J].中国农业资源与区划[J].2021，42(1): 1-6.

一、坚持农业绿色发展是实施乡村振兴战略的迫切需求

党的十九大作出了实施乡村振兴战略的重大决策。乡村是生态环境的主体区域，生态是乡村最大的发展优势。推进农业绿色发展，是农业高质量发展的应有之义，也是乡村振兴的客观要求。2017年，中共中央办公厅、国务院办公厅印发了《关于创新体制机制推进农业绿色发展的意见》，福建省委办公厅、省政府办公厅出台了《关于创新体制机制推进农业绿色发展加快建设生态农业的实施意见》，对当前和今后一个时期推进农业绿色发展、建设生态农业作出了全面系统部署。落实中央和省委省政府的决策部署，就要求我们切实推动农业空间布局、资源利用方式、生产管理方法的变革，走出一条空间优化、资源节约、环境友好、生态稳定的福建农业绿色发展之路。

二、坚持农业绿色发展是推进农业供给侧结构性改革的主攻方向

2017年中央一号文件提出，深入推进农业供给侧结构性改革，加快培育农业农村发展新动能，对做好新时期农业与农村工作提出了明确的方向。推进农业供给侧结构性改革，要把增加绿色优质农产品供给放在突出位置。当前，我国农产品供给大路货多，优质品牌的少，与城乡居民消

费结构快速升级的要求不相适应。推进生态农业发展，就是要提供更多优质、安全、特色农产品，促进农产品供给由主要满足"量"的需求向更加注重"质"的需求转变，有利于改变传统生产方式，减少农药化肥等投入品的过量使用，优化农产品产地环境，有效提升产品品质，从源头上确保优质绿色农产品供给。

三、坚持农业绿色发展是国家生态文明试验区建设的重要支撑

2014年福建省成为全国首个生态文明先行示范区，在生态文明建设方面取得了良好成效，走在全国前列。福建省作为全国首个生态文明先行示范区，在体制机制上先行先试，不断创新，为全国生态文明建设奉献充满福建烙印的样本与经验。历届省委和省政府认真贯彻落实党中央、国务院决策部署，深入实施生态省战略，加快国家生态文明试验区建设，扎实做好生态环境保护各项工作。发展绿色经济是国家生态文明试验区建设的根本要求，是加快推进我省绿色崛起的重要支撑。打好污染防治攻坚战，特别是农业农村污染防治攻坚战，守住绿水青山，不仅是我省连续41年保持全国森林覆盖率第一的"金名片"，更能孕育出新的发展优势，培育出新的发展动能。

第二节　平和蜜柚科技小院
建设成效

平和蜜柚科技小院专家团队通过将科学研究与生产实践相结合，发展绿色可持续农业，推动蜜柚产业升级转型，推动平和县蜜柚产业的绿色可持续发展，打造绿色农业品牌，利用科技助推乡村振兴。

一、"减肥"增效示范效应良好

平和蜜柚科技小院积极推进基于测土配方施肥和养分资源综合管理的化肥减量工作，综合集成土壤酸化改良、整形修剪、有机肥替代、土壤调理和镁肥增效等提质增效技术措施，在坂仔镇五星村开展长期定位试验示范工作。同时，通过对蜜柚的整根挖掘直观展示了根系生长分布情况，提出向树冠内施肥的科学做法，纠正了一直以来农户传统滴水线施肥的做法，有效地提高了养分的吸收利用效率。受到科技小院工作启发，大批农户积极地将提质增效综合管理技术应用到自家的柚园里。

2016～2018年开展的3年7点农户合作示范田间试验结果表明，通过优化施肥减少50%的化肥投入，增产3～4.2吨/公顷（增幅8%～11%），利润平均增加2.23～2.27万元/公顷（增幅27%～28%），品质有所提升（可滴定酸含量降低3%～7%，固酸比增幅3%～9%），如图2.7.1所示。

2019年示范户合作点增加到15个，示范面积达到100亩，实现节本增收18万元。在五星村示范地，平和蜜柚科技小院师生开展氮磷钾施肥减量89%试验，综合集成优化处理可在保持产量稳定的同时实现果实品质的显著提升；2020年，受长期定位试验地的影响，周边20余农户主动接受并积极开展肥料投入减量行动，户平均肥料投入减少75%以上；同时，受科技小院带动，部分企业积极跟进绿色种植行动，示范范围进一步扩大。

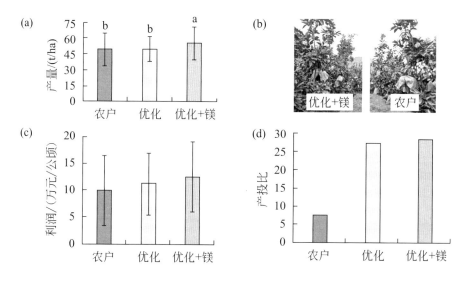

图2.7.1　优化施肥（a）及补施镁肥（b）对蜜柚产量、
利润（c）及产投比（d）的影响

二、技术推广延伸到田间地头

通过试验示范工作，平和蜜柚科技小院师生们系统地总结出了一套适合平和县琯溪蜜柚优质生产的科学方法，并将这些科研成果转化到

"非科研者"也能读得懂的技术展板上，把它们整齐地"种"到科技小院旁边的田间地头，也形成一道亮丽的风景线——科技长廊（图2.7.2），供各方来客学习和交流。

图2.7.2　平和蜜柚科技长廊

平和蜜柚科技小院师生将琯溪蜜柚生长发育、生产管理的相关科普知识和研究成果转化到科技长廊展板上的同时，还进行整合转换成适合"揣"进口袋方便阅读的技术手册。在科普宣传活动和培训观摩会中分发给果农翻看学习，同时在科技小院接待室阅览架上也持续供应宣传手册，供来访者取阅学习。

图2.7.3　科技小院长期定位示范地

科技小院会不定期组织果农到示范试验地现场观摩科技小院蜜柚减肥提质增效试验效果（图2.7.3、图2.7.4），让广大果农朋友们眼见为实，在观摩会上科技小院师生会积极与果农们交流（图2.7.5），根据果农们的问题进行答疑解惑。现场指导解答技术问题100余条；研究生深入田间地头与农户交流，指导农户科学生产管理蜜柚100余次，涉及农民1000余人次。

图2.7.4　田间根系调研

图2.7.5　柚农田间观摩

三、线上科普扩大面上影响

平和蜜柚科技小院依托公共媒体、自媒体等知识传播渠道和平台，结合技术培训、田间观摩和宣传活动有效开展技术传播，打通了技术推广的最后一公里。在此期间，科技小院接受央视、地方媒体等采访报道；通过微信公众号推出科普文章与科普视频；借助网络直播平台讲解科学种植管理蜜柚技术；通过微信群聊集专家学者、企业农资人员、柚农、研究生等于一体，共同交流讨论蜜柚生产中遇到的问题和解决对策，同时也转发相关的科普知识供大家学习。

平和蜜柚科技小院开通的微信群集合了专家学者、企业人员和柚农320余人，积极开展政策方针解读、实际生产问题研讨和解答；累计在微信公众号发送推文71篇，其中包括科普文章15篇，科普视频10个，每篇推文阅读量在300～3000之间，总阅读量达40000余次；年发放《蜜柚绿色增产技术手册》近2000册。

新冠疫情常态化防控期间，平和蜜柚科技小院通过公众号推送蜜柚春季施肥和除草管理等相关视频2个（图2.7.6），科普文章5篇，累计受益1600余人次；科技小院指导教师吴良泉、叶德练通过网络直播平台视频直播蜜柚提质增效绿色种植管理技术相关内容2期，受众16000余人次；吴良泉通过做客福建教育电视台《乡约科普》栏目讲解蜜柚提质增效绿色种植技术1次，电视台滚动播放，"乡约科普"公众号推出后阅读量达1000余次；科技小院公众号同步推送两次直播视频和《乡约科普》栏目播出的视频，方便广大种植者回看，浏览量近1000次。截至2021年8月，科技小院已累计开展农户和经销商培训11场，培训近1300人次。组织观摩会20场，观摩750余人次；与中央电视台二套《经济半小时》、中央电视台军事

图2.7.6 线上科普形式

农业频道等媒体合作拍摄科普节目7次，节目播出后在当地获得良好的反响，如图2.7.6所示。

四、与企业联合开展科普工作

平和蜜柚科技小院与德国钾盐集团（K+S集团）、云南云天化股份有限公司、厦门江平生物基质技术有限公司等企业联合开展田间观摩会、农民培训会等，共同助推平和县蜜柚产业提质增效、绿色发展。其中，云南云天化股份有限公司、厦门江平生物基质技术有限公司先后在平和县成立云天化·中国农大|中国现代农业科技小院、江平生物·中国农大平和科技小院，与平和蜜柚科技小院开展科研和社会服务合作，共建示范地、共同开展田间观摩培训会和蜜柚绿色提质增效交流会等，一同扎根一线、探索蜜柚产业发展新模式，为农民提供实时、实地、无忧的服务。

五、结合大学生"三下乡"社会服务团队开展活动

福建农林大学国际镁营养研究所多年来坚持组织大学生"三下乡"社会服务团队到平和县开展社会服务工作，在农村一线开展农业绿色发展现状调研，通过发放科普宣传单页，向广大农民开展土壤、大气、水体等方面的农业绿色生产科普知识。2016 ～ 2019年，共组织了6支大学生三下乡社会实践队，参与人数80余人次，先后8次获得了团中央、省、市、县、校的表彰，得到《人民日报》等媒体报道20次。

第三节　平和蜜柚科技小院
建设启示

一、扎根一线摸清产业发展制约因素

平和蜜柚科技小院现有15名来自福建农林大学国际镁营养研究所的在读研究生驻扎生产一线开展科学研究，其中6名研究生长期驻扎生产一线。一是通过调研掌握了平和县的施肥现状和土壤养分状况，特别是土壤pH值和可交换性镁浓度的分布。调研发现，平和县土壤酸化和土壤缺镁问题

非常突出，有88.6%的土壤样本pH值小于5.0，60.3%的土壤样本存在极其缺镁问题（＜60mg/kg），而且土壤pH与交换性镁浓度直接相关，缺镁现象在生产中极为普遍。二是通过全县大样本调查研究，发现蜜柚园养分的投入量非常高，远远超出果实的带走量，导致投入的养分大量盈余。养分投入量远远高出国际上其他柑橘优势产区的推荐用量，几乎是它们的6倍，导致平和蜜柚产区的单位面积碳排放也远远超出国际上其他水果产区的排放量。三是通过在平和县开展的15个点/年的试验示范结果表明，优化施肥处理与农户习惯施肥相比减少了50%氮磷钾肥的投入，产量没有受到影响；在此基础上补充镁肥可继续增产11%，缺镁的现象也得到有效改善，通过减肥和补镁可以明显提高农民收益，每公顷增收2.6万元，产投比提高2.7倍。四是明确了酸化是生产中主要土壤问题，减少近90%的氮肥、磷肥、钾肥投入没有减产，肥料的偏生产力提升了11.3～12.9倍，降低了果肉的酸度，提高了果肉的维生素C含量，明显减少了夏梢的生长。减施肥料、调酸、改变施肥位置等综合调控措施可实现减缓土壤酸化、提高产品质量、提高肥料利用率和降低环境风险等多重目标。

二、科技赋能培训新型职业农民

平和蜜柚科技小院师生不定期组织农民科普培训会，通过课件/视频等手段，用通俗易懂的语言向广大柚农讲解蜜柚绿色提质增效科学种植技术，展示科技小院的示范试验成果，让柚农逐步成长为科技农民。通过田间观摩会、农民培训会、与农户合作、走访调研、党支部结对共建等多途径发现挖掘思想开放、种植技术先进、乐于学习的农户，科技小院将这些农户树立为带头人，通过他们来讲出与科技小院合作的所学所获，通过他们来带动更多的柚农参与到蜜柚减肥提质增效绿色发展的行列中。

三、多方联动推广科技小院成果

平和县琯溪蜜柚科普推广站位于霞寨镇高寨村,由平和县科学技术协会、霞寨镇人民政府、高寨村村委会和公益组织共同发起成立。科普推广站以推广蜜柚绿色种植和旅游文创产品为特色,依托高寨这个旅游景点、往来游客量大的优势,与平和蜜柚科技小院携手开展蜜柚产业的科学研究和科普推广,并开展广泛的社会服务,共同推出科普文章与科普视频等。

第八章

三产融合型——
云霄杨桃科技小院

第一节　三产融合的时代价值

所谓农村一二三产业融合，是用现代要素去"融合改造"第一产业，使传统农业通过融合产生新的经济效益。新时代背景下，农村三产融合已成为实现传统农业转型升级和发展乡村新兴高技术、高服务产业的必经之路，对我国乡村振兴战略的实施具有推动作用。

一、促进农业供给侧结构性改革

在我国农产品种植结构中，玉米种植面积约占我国耕地面积的30%，小麦种植面积约占我国耕地面积的20%，而我国大豆的消费供给主要依赖于进口，我国非主粮的对外依存度逐年提高。在我国农业生产中，低附加值的食用农产品供给过剩，而高附加值的食用农产品供给不足，已经成为我国农业发展中必须解决的突出矛盾。农业供给侧结构性改革着力于调整农业生产结构，提升农产品品质，延长农业产业链，而农村一二三产业融合发展可以在这方面发挥引领、支撑和带动的作用。通过对农村一二三产业间的融合渗透和交叉重组实现产业发展方式的转变，催生新的产业业态，提升农业生产的增加值，有利于促进农村各产业间建立新型的竞争协作关系，促进资源、要素、技术，以及市场需求的优化重组，使乡村经济提质增效，进而提升乡村经济的供给质量和供给效率。

二、促进乡村产业兴旺

通过农村一二三产业互相融合和渗透，促进产业发展方式转变，实现资源、要素、技术和市场需求在农村整合重组，调整农村产业布局，从而振兴乡村产业，促进产业兴旺。全面实施乡村振兴战略，促进农业稳定发展和农民增收。在推进乡村振兴的新发展阶段，必须紧紧抓住产业兴旺这个关键基础，特别是一二三产业的深度融合，以乡村产业蓬勃发展带动乡村全面振兴。

休闲旅游是农村产业融合的重点产业。近年来，我国休闲农业和乡村旅游蓬勃发展，2019年，休闲农业接待游客32亿人次，营业收入超过8500亿元。从业人员1100万人，带动750万户农民受益，成为天然的农村产业融合主体。2018年中央一号文件明确提出要实施休闲农业和乡村旅游精品工程，农业农村部认真贯彻落实中央决策部署和要求，提出了开展休闲农业和乡村旅游升级行动，目标就是要促进乡村旅游产品质量、硬件设施建设的升级，软件管理服务的升级，文化内涵的升级，环境卫生的升级，人员素质技能的升级，真正打造一批生态优、环境美、产业强、农民富、机制好的休闲农业和乡村旅游精品，以一二三产业融合发展带动乡村产业振兴。

三、缓解农村空心化问题

随着工业化、城镇化迅速发展，大量劳动力进城务工，农村出现空心化、老龄化，部分农村逐渐凋敝。通过一二三产业融合发展，将产业链布局在农村，使产业和利益留在农村，实际上就是把能人、精明强干的劳动力留在农村，增强农村活力，让农民参与分享二三产业效益。据农业农村部2020年调查数据，省级以上龙头企业培训农民平均投入近60万元，平均向每户农民返还或分配利润达361元；60家国家重点龙头企业帮助2.2万户农民获得贷款61亿元，在龙头企业带动下农民收入显著增加。

四、缩小城乡差距

新时代，我们要解决城乡、东西部、产业间发展的不平衡问题，要解决广大农村地区发展的不充分问题，首先要促进农业产业化和现代化，进而引导资源、要素、人才向农村流动，促进城乡协调发展。农村三产融合能够促进农业生产模式的优化，在促进农业产业链延伸和农产品附加值提升的同时，发挥农业的生态保护、休闲旅游、体验观光、文化传承等多重功能，进而吸引资源要素流向农村和农业，改善农村基础设施，提高农村公共产品供给水平，促进农业现代化、农村城镇化、农民市民化，逐步破解城乡二元结构痼疾，构建良性互动的新型城乡关系。

通过发挥农业多功能性、农村多重价值、农民多重身份的优势，发展新产业新业态，开辟农业就业新途径，农民可从多渠道增加收入。同时，充分利用二三产业优势，让农业真正"跳出农业""超越农业"，促进城乡融合发展，缩小城乡居民收入差距。

五、提高农民收益

经济新常态下，城市消费增速趋缓，而广大农村区域的消费潜力巨大，激发农村消费潜力，主要在于持续推动农民增收。推进农村三产融合，有利于提升农业产业链的增值空间，提高农业发展的经济效益。以农业为基本依托的三产融合，可以带动农民就近就业，从而拓宽农民的增收渠道。通过一二三产业融合发展，农业生产、加工、销售形成更加紧密的产业链，剔除中间环节，缩短了运输时间，选择了最佳销售价，从而降低了生产成本，减少损耗，增加效益。

第二节　云霄杨桃科技小院建设成效

一、注重选种、完善种植技术

杨桃是下河村传统水果、村内有许多株古老的杨桃树，有些甚至超过百年。村内建立大片杨桃种植示范基地，科技小院专家建立良种培养和改良种子实验基地，当地传统优秀品种"虎尾种"被选中并进行全村推广种植，由政府牵头引进国外优秀杨桃品种，如水晶杨桃、软枝杨桃等，进行嫁接换种培育，最后在全乡进行试验推广种植，与此同时，研究并保护本地优秀品种的优点和特性。在种植技术方面，建立杨桃标准化栽培技术、实行套袋果实技术、运用绿肥套种、绿色防控虫害等先进技术严格把控杨桃品质，促进杨桃品质不断提升。

二、发展适合的产业经营模式

2013年云霄县成立下河杨桃协会，在协会的组织下成立凯乐农业专业合作社、云霄县富达农民专业合作社等多家专营杨桃的合作社并形成"合作社+基地+农户+市场"的产业专业化经营模式。协会对农户进行杨桃种植规范化、生产与销售指导。对杨桃的生产标准、采摘标准制定统一规定，对杨桃的大小，形状、表皮等方面做出详细登记划分指标，统一设定了特级、一级、二级三种规格。下河杨桃协会为了促进全乡优质杨桃生产基地的发展，致力推广"农业公司+生产基地+种植农户"等专业化生产模式。随着专业化经营模式发展，通过全面拓展杨桃产业链方式推进杨桃产业发展，减少单个种植户散量种植局面，实现集体组织发展。加快实现村民增收，推动下河村现代农业快速发展。

三、打造品牌、延伸产业链

下河村打造品牌和宣传推介。2016年"下河杨桃"获得国家工商总局地理标志认证，并且注册"霞河""云下""盈漳"三个商标，"香蜜杨桃"获得无公害农产品认证。在杨桃协会的带领下积极参与农产品对接会、特色农产业博览会宣传其品牌。利用互联网，对杨桃进行网络宣传。注重杨桃包装外观设计努力打造其特色风格。其次，不断延长杨桃产业链的发展。引进周边城市食品加工企业进村投资办厂，以村内杨桃作为原料进行农产品深加工。专业合作社与杨桃加工企业建立长久高效的合作关系。粗略统计每年加工企业可向合作社收购达1000多吨杨桃，并且部分合作社自主研发系列产品如杨桃果汁、杨桃果干等，投放市场后广受好评，销售额逐年增加，平均在1000万元左右。

四、"一+三"模式发展休闲农业

下河村以特色杨桃产业为项目中心点，以杨桃种植为基础，延伸出了杨桃加工业、特色农产品休闲农业，实现三产联动发展，形成"一产带二促三"产业格局，推动杨桃产业"三产融合"发展，推动农业生产效益增加、农民的收入提高、政府财政税收不断增长。目前，下河村大力发展现代休闲观光旅游产业。2016年，云霄县政府给予下河村1.5亿元投资规划建设杨桃休闲生态观光园，将自身独特的杨桃种植与休闲农业、电商销售三者结合，目标为建设一座具有多功能的现代农业文旅杨桃生态产业观光园。不断完善休闲农业相关配套设施，深度挖掘园区内休闲景观、采摘体验、农事活动、放松娱乐、传统文化观光、生态环境保护、研学科普教育等多功能，推出"鲜果采摘、观光体验、乡土情怀"三位一体的乡村特色休闲农业旅游景点，将农业资源与旅游资源完美结合，推动农业现代化发展。每年举办的"杨桃节"更是吸引了大量游客前来观赏游玩。

第三节　云霄杨桃
科技小院建设启示

一、夯实一产是三产融合的基础

下河村以杨桃种植作为核心产业，依托科技小院专家团队通过引进良种，学习先进种植技术来实现杨桃的高产和发展。其次是注重产品品质的把控，品质保证为下河杨桃产业的发展发挥强大作用。品质检测体系、可追溯体系的建立和完善，促使杨桃生产标准化和专业化，保障杨桃的品质。在此基础上，成立专业合作社，推进农民组织化、产品品牌化，最终以杨桃产业为核心的加工业和休闲农业不断发展，三产融合发展，推动农村经济长久持续发展。

二、注重培育新型融合经营主体

下河村打造"合作社+基地+农户+市场"的产业专业化经营模式，破除小农户无法适应市场的局限。合作社在品牌建设、市场开拓、延伸产业链等方面有着至关重要的作用。基地建设由科技小院专家提出指导意见，制定相关标准，基地的建设促使杨桃生产、销售、加工各个环节变得规范和专业，在种植方面提供专业技术支持，确保杨桃品质。合作社、基地、农户三者紧密联系，不仅有利于增强自身实力而且可以降低生产风险，有利于产业持续融合发展。

三、建立市场传导机制

下河村严格执行"四检合一"的农产品检验体系，定期配合相关检查部门对杨桃进行检验。积极与云霄县电商服务中心合作，打造"可追溯系统"和"一店一码"系统，通过"可追溯系统"消费者可以轻松了解到产品种植、灭虫、灌溉、除草、加工等一系列过程，发展智慧农业。增加购买者对产品的了解，提升信任度并传播下河杨桃无公害、绿色安全等正面相关信息。通过"可追溯系统"和"一店一户一码"，尝试构建新的市场传导机制，高效准确完成供需对接。准确把握消费者的不同需求，制定合理的销售推广活动，促进果农增收。下河村采用"互联网+"农业发展，利用网络销售的优势，由云霄成立农产品电商协会引导果农加入电商平台，以大面积杨桃种植基地为基础，建立了农村淘宝杨桃运营中心，鼓励村内大部分合作社都与电商平台签约进行线上销售，同时也鼓励农户开设微店进行线上销售。云霄青年电商会指导村民操作、包装和进行网络销售。搭建网络线上直播渠道，通过网络销售杨桃，让农户足不出户，实现了线上线下的快速、高效衔接，收获电商带来产业链条延伸的增值收益，促进农业转型发展。

四、深化农旅融合

农旅融合要抓住"以农促旅、以旅兴农"这一核心，因地制宜既发展好第一产业，又发展好乡村旅游业。下河村定期举办相关活动，通过举办丰富有趣的活动吸引游客前往集采摘体验、休闲观光于一体的乡村游。采用农家乐的模式，让游客既可以参与特色民俗活动，又能感受当地的淳朴气氛。与同程、携程、飞猪等线上旅行社达成战略合作，加强活动宣传推介，进一步推进生态乡村旅游的发展进程，形成"杨桃种植业为主，多业联合发展为辅"的产业发展格局。深度挖掘下河村的历史传统文化，讲好百年杨桃的故事。

第九章

文化深耕型——松溪甘蔗科技小院

"福建松溪甘蔗栽培系统"于2016年入选中国农业文化遗产名录，具有历史悠久、技术体系完整、承载文化丰富多样、生态价值凸显等典型特征。农业文化遗产蕴含丰富的生物、技术、文化"基因"，对于乡村振兴战略实施具有重要的现实意义。

第一节　农业文化开发的时代价值

中华五千多年历史中衍生出灿烂的农业文明，沉淀形成了珍贵的农业文化遗产，至今仍对当地的百姓生计、社会进步和文化传承等发挥着重要的影响和带动作用。

一、农业文化是乡村振兴的重要基础

农业文化遗产是一个包含知识技术、传统文化、自然生态、农业景观、各类物种等众多内容的综合范畴，包括丰富多样的、价值巨大的资源和要素。在特定环境中长期协同进化和动态适应所形成的独特的土地利用系统，就是与传统农业生计密切相关的本土生态知识、地方传统技术，以此为重要内容的农业文化长期指导着所在地农民的生产与生活。与之相应的农业景观，就是在生态文化和农业知识技术指导下，通过长期改造和维护而形成的，具有一定观赏性的，土地及土地上的空间和物质所构成的综合体。与农业文化遗产相关的自然环境、生态系统、种质资源、相关文化等资源，也都被囊括进了该农业文化遗产的保护与开发范围。因此，内涵丰富的农业文化遗产囊括了相应区域中的众多物质资源和非物质资源，是一笔价值不可估量的文化宝藏和物质财富。在当前背景下，乡村振兴战略的实施需要强力的经济投入，但若想培养出特色鲜明、竞争力强、效果长久的地方产业，就还要选择具有丰富的资源基础、悠久的文化基础、优美的景观基础、深厚的群众基础的优势产业来精心打造。优秀的农业文化遗产正是具有上述优势的农村产业，可以成为、也应当成为乡村振兴战略实施的首选切入点。

二、开发农业文化顺应文化强国建设的迫切需要

开发农业的文化传承功能有利于推进文化建设，这是因为农业发展的过程就是农业文化孕育和发育的过程，没有农业就没有文化。仅以诗歌为例，中国的诗歌是吸收了民歌的营养而发展起来的，而民歌的源泉是农业劳动。原本是插秧时为消除疲劳唱的秧歌，后来成了文化娱乐活动，樵歌、牧歌、渔歌等亦然。可见农业历来是中华文化的主要摇篮和重要载体。进一步突出农业的文化业态，开发农产品的文化内涵将为城市居民提供更多的文化艺术享受的途径，吸引更多的城市居民走进农村、走向田野，为城乡文化交流提供广阔的舞台。同时在开发农业文化传承功能的过程中，农业从业者自身的文化素养必将得以提高，新农村的文化建设必将得以加强。

三、开发农业文化是提升农业附加值的重要手段

　　根据营销学的经典论点，当某一产品的数量和质量达到一定程度时，挖掘该产品的文化内涵是提高该产品竞争力的关键。富有文化内涵的农产品往往能使消费者在享受美食、美味的同时又产生美感，享受到艺术的盛宴，从而激起消费欲望，这就提升了农产品文化享受的附加值和服务的附加值。农业文化传承功能的开发使农产品从简单食品或从单一的轻工业和食品工业原料变成了具有文化内涵的艺术创造，内在品质得以提升；使农产品销售借助文化艺术的形式突出了品牌效应，销售渠道更为畅通；更使农业追求生产经营活动的美感和服务附加值，从而进一步延长产业链条，业态得以拓宽，综合效应都指向农民增收。

第二节　松溪甘蔗科技小院建设成效

　　松溪甘蔗科技小院以研究百年蔗产业为中心，深度挖掘百年蔗农业文化遗产内涵，助力"百年蔗"产业技术提升、人才培育、品牌培树、科普宣传等工作，帮助松溪培养一批"带不走"的本土科技队伍，加快推进

"百年蔗"扩种增产,强化"百年蔗"系列产品研发,不断提升松溪"百年蔗"的知名度和美誉度,助推松溪县绿色发展和乡村振兴事业。

一、培育健康脱毒种苗

松溪县"百年蔗"是值得研究的、不可多得的甘蔗品种资源,它对于我国甘蔗遗传育种和生物技术研究有着十重要的意义。解决了宿根蔗培土的困难和担心宿根久了无土可培的顾虑以及宿根退化的现象,把宿根蔗栽培向前推进了一大步。世界上的甘蔗宿根寿命都较短,一般只有三至五年。夏威夷有达7年的宿根蔗,古巴有16年的宿根蔗,据报道,斯里兰卡有保留到25年的宿根蔗的最高纪录。而松溪县万前村的蔗农,祖祖辈辈辛勤劳动,采取了一套独特耕作技术,培植了近三百年的宿根甘蔗,确实是甘蔗栽培史上的一个奇迹。

目前,百年蔗产业以传统种植为主,宿根甘蔗生产过程中随宿根年限增加病虫害加剧,面临着品种退化等问题。甘蔗生产过程中对花叶病、宿根矮化病等病害的防治目前还没有较好的方法,只有采用无毒健康种苗才是防治这些病害最有效的措施。为此科技小院责任导师徐良年及其团队共同致力于研究无隔离防护和有隔离防护的松溪百年蔗脱毒种苗、脱毒种苗后代种茎和当地常规种植留种种茎在大田种植时产量性状和田间病害发病差异,评价有隔离防护措施下脱毒种苗、脱毒种苗后代种茎苗的优劣。开展健康种苗繁育技术示范试验。

开展脱毒健康种苗的繁育及配套技术研究,解决松溪冬季严寒种苗繁育困难的制约因素，为百年蔗的安全稳定、迅速发展和产量及品质提高提供有力支撑，为百年蔗产业的发展提供了可靠的保障。

二、改进生产工艺

"百年蔗"含有多种人体生长发育所需的氨基酸，如赖氨酸、苹果酸、柠檬酸、叶酸、核黄素等，都是合成人体蛋白质、支持新陈代谢必不可少的生命基础物质。另外，"百年蔗"中还含有丰富的维生素 B_1、维生素 B_2、维生素 B_6、维生素 C 和豆甾醇、苯油甾醇等多种抗氧化自然物质，这些维生素和醇类物质对于抗衰老具有明显作用。

"百年蔗"特殊的功效和价值吸引了越来越多的村民扩大种植面积，种植面积迅速扩大到2000多亩，同时带动了周边甘蔗种植和红糖制作蓬勃兴起，但在产业繁荣的背后，"百年蔗"产业面临着一系列的根本性问题：首先"百年蔗"中多糖及其他非糖成分含量高，红糖的制作方法也与其他红糖有着诸多不同，而"百年蔗"红糖仍沿用普通红糖的制作方法，导致经常出现"化糖""渗水"甚至发霉等产品质量问题，严重影响了"百年蔗"红糖的销售和产品的声誉，因此，急需对"百年蔗"红糖的制作工艺进行改进；其次，周边甘蔗红糖冒充"百年蔗"红糖，凭借低成本，不断冲击"百年蔗"红糖市场。

基于以上两个方面的问题，在科技小院陈杰博及其团队致力于红糖生产技术研发和改进，提高红糖产品质量和生产稳定性。首先根据"百年蔗"的特点，改进红糖的生产工艺，使红糖的水分含量由普遍的10%左右下降到7%以下，解决"化糖""渗水"等产品质量问题，将产品合格率提高到99%以上；其次，建立"百年蔗"甘蔗鉴别方法，通过测定"百年蔗"甘蔗的锤度等品质指标，构建"百年蔗"甘蔗的大数据，建立快速区分"百年蔗"甘蔗与普通甘蔗的方法。建立"百年蔗"红糖产品质量检测实验室，采购快速水分测定仪、真空干燥箱、超净工作台、高压灭菌锅、电子天平等设备，构建红糖水分、菌落总数等检测方法，具有特色的红糖产品质量开放分析测试实验室，为"百年蔗"红糖乃至松溪县红糖产品提供专业的质量检测服务，提高全县红糖产品品质。培训红糖生产、检测人员，提高合作社产品质量意识。培训红糖生产技术人员，不断提高红糖生产质量，同时培养产品质量检测人员，不断吸引年轻人加入"百年蔗"产业。

三、建设标准化糖厂

"百年蔗"经过加工制作的产品主要是"百年蔗"红糖。万前村村民熬制红糖的时间一般为春节前，持续一个月左右。许多农户将刚从地里砍回来的甘蔗切碎碾压熬煮。清冽的空气中弥漫着醉人的甜香，熊熊燃烧的灶火上架着的十几口大锅，红色的糖浆在锅中咕噜咕噜冒着泡；几名制糖师傅手握长勺，不停搅拌着糖浆。待糖浆装罐冷却，纯正的古法熬制的红糖便制成了。松溪百年蔗红糖在生产制作过程中恪守古训，采用上等百年蔗为原料，使用八口连环锅，由民间手艺人用榨汁、开泡、赶水、出糖、打沙、成型等12道传统工序与现代技术相结合精心熬制而成，具有口感松软清甜、甜而不腻、蔗香浓郁的原始风味。手工熬制而成，天然醇香，不添加现代工艺中的硫黄、磷酸、石灰等，不添加防腐剂、色素、抗结剂、助剂等。万前村百年蔗红糖为块状红糖，由于采用传统的"连环锅"熬制，与常见的颗粒状赤砂糖有明显区别。制成的百年蔗红糖与《本草纲目》中所描述的古代红糖"凝结如石，破之如沙"的物理性状相契合，因此百年蔗红糖是真正的古法红糖。从百年蔗取汁到最后的成品入库，完全采用物理方法将这些糖分进行结晶。这种纯正品质的古法红糖性温、味甘、入脾，更是具有益气养血、活血化瘀、健脾暖胃、温宫养颜、护肤、抗衰老之效。在中国的保健食品中，红糖是为数不多的工业加工品，虽然红糖的功效一直有口皆碑，但甘蔗的选材是最为重要的。松溪县万前村百年宿根蔗由于根系特别发达，吸收锌、铁、钙、硒等多种矿物质元素，除了含有蔗糖外，还有果糖、还原糖、葡萄糖、糖蜜以及维生素和矿物质元素等，有些微量元素具有强烈刺激机体的造血功能的作用，尤其适合给产后的妇女补养身体。

百年蔗红糖成分中有机酸含量高达10%，是普通红糖不可比拟的，其中包括人体生长发育不可缺少的苹果酸、叶酸、核黄素、胡萝卜素、烟酸及其他维生素，在药食同源的研究上有很好的科学价值。

在责任导师陈杰博及其团队的指导下，民盛公司规划建设3000平方米的标准化新糖厂，车间采用食品级别的功能性环氧地坪，设立紫外线消毒车间，钢化玻璃隔断的观光通道，采用目前最先进的高压冲洗、电能压榨、细筛过滤以及古法9口连环电热锅熬制红糖（3条流水线）等现代工艺和传统工艺相结合的方式，智能化控制熬制红糖的温度和含水量。游客可以通过玻璃观光通道，观看百年蔗红糖熬制的全过程，达到工艺展示、体验观光、中小学生研学的效果。建设新型红糖熬煮现代化标准厂房，将古法红糖熬制方法结合现代食品生产理念，古法新用，提升红糖品质。预计一期投资600万元人民币，每年可以生产古法红糖600吨，产值1800万元。

四、深度开发农业文化遗产的休闲功能

"百年蔗"品牌创建与文旅观光及森林康养是松溪县政府的总体发展目标，科技小院师生团队深度开发农业文化遗产休闲功能的想法与松溪县的发展目标不谋而合。

一是通过"百年蔗"弘扬甘蔗文化教育功能。在责任导师邓祖湖的努力下，为大丫谷百蔗园争取了来自世界各地的100多个甘蔗品种，2020年初在学校的近千份种质中挑选出百余份各具特色的种质，如今已易地成功安家，使众多村民和旅客流连忘返。"百蔗园"作为万前村独一无二的名片，是文化旅游节的焦点，各地游客纷纷慕名而来。周末闲暇之余，研究生便在"百蔗园"里充当义务讲解员。目前百蔗园二期已在有序进行中，建成后的百蔗园将成为教学研一体的综合性旅游观光点。

二是挖掘甘蔗的康养休闲价值。甘蔗既是C_4作物，又是单位面积生物产量最高的栽培作物，每年每公顷生物量可高达280吨，是迄今生物量最高的栽培作物，其光饱和点高，CO_2的补偿点低，在生长过程中，能吸收和固定大量的CO_2，可有效减缓化石燃料的温室气体排放，在澳大利亚和美国，种植甘蔗可以作为"碳汇"进行交易，具有极高的生态价值。近年来，随着人们生活水平的提高，对绿色、优质农产品的需求与日俱增，生态康养休闲愈发成为风尚。"百年蔗"红糖中蕴含着的大量营养物质对人体营养有着独到的功效，"百年蔗"园生态氧吧，具有消除疲劳等功能，经合理开发，可以成为生态康养消费的重要载体。目前，民盛公司通过招商引资在百年蔗基地建设百年蔗科研楼、博物馆、大健康疗养院等项目，结合万前村特有的文化，打造乡村休闲旅游和康养相结合的特色美丽乡村。

三是丰富百年蔗主题休闲农业与乡村旅游活动。松溪县作为全国休闲农业与乡村旅游示范县，举办"千年松溪·百年蔗"文化旅游节，以"绿色南平·甜蜜松溪"为主题，活动现场除了可以参加削"百年蔗"吃"百年蔗"比赛，品尝"百年蔗"酒、大口咬"百年蔗"红糖馒头等，还有"百年蔗"红糖压榨手工体验，"百年蔗"红糖饼干自制体验、打红糖麻糍等一系列农产品展销和体验活动，同时开展"创意百年蔗"设计大赛、"印象百年蔗"版画大赛、"雍蔗颂"诗词征文大赛、"百年蔗个性化邮票邮册"设计大赛等系列文创活动。

第三节　松溪甘蔗科技小院
　　　　建设启示

一、当地政府高度重视

松溪县委、县政府高度重视"百年蔗"产业的开发，把它列为战略性发展产业，2017年成立了松溪县百年蔗产学研协调领导小组，2018年设立了百年蔗科研所，核定了4名编制，同年还注资3000万元成立了民盛健康科技有限公司，专司百年蔗产品研发。2019年制定了《福建松溪甘蔗栽培系统农业文化遗产保护与发展规划》《福建松溪甘蔗栽培系统农业文化遗产标志使用管理办法》，明确福建松溪甘蔗栽培系统农业文化遗产标志的管理部门、审批程序、使用规定和考核办法。建立激励机制，严格奖惩考核。落实谁栽谁有谁受益的林权政策、及时明确权属、发放林权树权证，严厉打击各种侵犯农户合法权益的不法行为。在"百年蔗"产区，把福建松溪甘蔗栽培系统农业文化遗产保护与发展作为聘用政府工作人员的一条重要标准。

二、构建休闲农业与乡村旅游品牌体系

联手松溪县政府，将一年一度的"百年蔗"文化旅游节拓展为周年

性与节点性相结合的系列活动。以"千年松溪·百年蔗"品牌为统领，构建"生态康养·百年蔗""甜蜜幸福·百年蔗""春风十里·'蔗'乡有你""'蔗'是你的糖"等多元要素组成的品牌体系。完善"蔗园开耕节""甜蜜立冬""'蔗'里婚俗""'蔗'里文创"等休闲农业与乡村节事活动，建立多层次、全产业链的"百年蔗"休闲农业与乡村旅游品牌体系。

第十章

品牌引领型——
宁德大黄鱼科技小院

农业品牌化是现代农业发展的基本内涵和重要组成部分，也是农业发展阶段和水平的重要标志。纵观世界农业发展历史，大都经历了产品由不足到丰富，由普遍推进到培育提升品牌的历程。当前，我国农业已进入数量质量并重、由注重产品向更加注重品牌转型的新阶段。从这一实际出发，借鉴国际经验，加强农业品牌建设，发挥品牌引领作用，对于加快农业发展方式由过度依赖资源消耗、主要满足"量"的需求，向追求绿色生态可持续、更加注重满足"质"的需求转变，具有重要战略意义。近年来，国家在推进农产品品牌建设方面的力度也越来越大，农业农村部将2017年定为"农业品牌推进年"，2018年定为"农业质量推进年"并出台《国家质量兴农战略规划（2018—2022年）》，明确通过举办农业品牌发展大会、开展农产品质量安全监测行动等措施，引导农业加快向绿色化、优质化、品牌化、特色化方向发展。

第一节　农业品牌建设的
时代价值意蕴

农产品品牌建设是顺应消费升级的选择，也是农业供给侧结构性改革的排头兵，是农业生产导向转变为消费导向的必然要求。

一、是顺应消费升级的必然选择

农业品牌化有利于带动我国农业生产向优势区域集中，推动农业规模化、标准化和专业化，促进生产经营者规范生产投入品和生产过程，提高农产品质量安全水平，生产优质安全农产品，满足消费者提档升级的需求；同时，品牌成为产品质量安全和信誉的载体，有利于引导消费者放心消费，增强公众对农产品质量安全的信心。

二、是推进农业供给侧结构性改革的重要抓手

随着我国经济进入高质量发展阶段，城乡居民消费结构不断升级，优质农产品和服务需求快速增长，补齐农业短板、促进农业高质量发展的要求更加迫切。2018年发布的《中共中央 国务院关于实施乡村振兴战略的意见》提出实施乡村振兴战略，要以农业供给侧结构性改革为主线，推进农业政策从增产导向转向提质导向，唱响质量兴农、绿色兴农、品牌强农主旋律。目前总体来看，供给侧结构性改革已取得阶段性显著成效，但仍面临一些问题和挑战，例如市场主体活力尚未得到充分释放，那么通过农产品品牌建设，加强农产品品牌在市场上的影响力，品牌的带动效应可促进农业在市场上的活力增强。因此，推进农产品品牌建设有利于缩小市场的"剪刀差"，促进市场主体之间的平衡，是供给侧结构性改革的一个重要方向。

三、是实施质量兴农战略的重要任务

　　2018年农业农村部、国家发展改革委等七部门联合印发《国家质量兴农战略规划（2018—2022年）》，将"培育提升农业品牌"作为重点任务之一。大力推进农产品区域公用品牌、企业品牌、农产品品牌建设，打造高品质、有口碑的农业"金字招牌"。品牌化对推动农业转型升级提质增效、助力一二三产融合发展、引导农业高质量发展意义重大。当前，加快推进品牌强农，是推动质量兴农战略实施的现实路径，是促进小农户和现代农业发展有机衔接的重要抓手，更是为耕者谋利、为食者造福的重要战略举措。增加绿色优质农产品供给，做大做强优势特色产业，塑强一批叫得响、立得住、走得出的中国农业品牌，将为持续提升农业综合效益和竞争力、促进农民增收致富、实施乡村振兴战略提供持久动力。

四、是完善农业主导产业全产业链的重要环节

　　农业农村部印发的《2021年乡村产业工作要点》提出要培育出一批前延后伸、横向配套、紧密关联、高度依存的农业主导产业全产业链，力争农业全产业链创新"链队"更加有力，全产业链"链主"企业不断涌现，全产业链"链农"参建动力明显增强，为农业高质高效、乡村宜居宜业、农民富裕富足作出贡献，为乡村全面振兴和农业农村现代化提供支撑。推进农产品品牌建设作为全产业链中的重要一环，起着不可忽视的作用。品牌是农产品内涵文化的载体之一，如果农产品只承担起食物供给的功能，

而做不到自身的文化输出，那么农产品就无法达到一个质的飞跃和拓展。当品牌成为物化的文化加持在农产品上时，周边的相关产业也逐渐相互吸引、聚拢，不断延伸和完善产业链，使其逐渐变得完整，因此，品牌建设是构建农业主导产业全产业链的重要环节。

五、是促进农民增收的有效途径

农业生产经营收入是农民收入的重要组成部分。农产品品牌利于生产者构建不完全竞争优势，增加价格刚性，获得产品溢价，提高收入弹性，提升产品的附加值，扩大产品市场需求，从而提升农业生产经营的效益和收入。据相关合作社反映，品牌产品终端销售价格一般是普通产品的1～2倍甚至更多。

第二节　宁德大黄鱼科技小院
品牌建设成效

"宁德大黄鱼"作为福建宁德地理标志产品，同时也是宁德最具区域特色的海水养殖品种，全国80%以上的大黄鱼产自宁德，年产值超过60亿元。宁德大黄鱼品牌先后被评为中国驰名商标、最具影响力水产品区域公用品牌、中国百强农产品区域公用品牌。宁德大黄鱼科技小院团队进一步将大黄鱼品牌建设与标准化、规模化、绿色化紧密结合，以科技示范和推广作为促进品牌化发展的重要引擎。

一、深度挖掘大黄鱼文化内涵

大黄鱼是我国特有的地方性珍贵海洋鱼类，具有2500多年悠久的捕捞文化，其体色金黄、肉质细嫩，在闽、粤、港、澳、台等地，视其为财富和吉祥的象征。宁德市富发水产有限公司是唯一国家认可的"国家级大黄鱼原种场"，并且成立有"大黄鱼育种企业国家重点实验室"。

二、培育大黄鱼抗病新品系

农以种为先，种业是推动养殖业发展最重要的引领性要素。为了应对刺激隐核虫病等病害对于大黄鱼养殖产业的巨大威胁，实现产业的健康和可持续发展，大黄鱼种质创新和抗病优良新品种培育是重要途径。厦门大学相关团队已经开展了抗刺激隐核虫病大黄鱼新品系的选育工作，培育出抗刺激隐核虫强的新品系，提高养殖经济效益，进而解决影响当前产业持续健康发展面临的关键问题，从而实现大黄鱼养殖产业的可持续健康发展。如图2.10.1～图2.10.3所示。

三、建立防控科普示范区

宁德大黄鱼科技小院不仅在生理病理上进行研究和采取科研防控措施，而且还建立大黄鱼刺激隐核虫病和内脏白点病病害防控示范区，并设

图2.10.1 科技小院团队参与
大黄鱼鱼苗繁育现场

图2.10.2 岸上实验车间

图2.10.3 关于大黄鱼新品系的报道

置LED屏病害防控科普知识宣传栏供科普使用。科研团队总结出了科研所得的刺激隐核虫病和内脏白点病的实用防控技术，通过宣传及示范，让基层养殖工作人员及周边渔民更加了解到刺激隐核虫病及内脏白点病的感染发病过程和实用有效的防控技术，有效降低了大黄鱼养殖过程中因为病害带来的死亡损耗，提高了大黄鱼成活率，同时，改善渔用药的使用方式，减少渔用药的不规范使用，提高药物的利用率，减少用量，降低了海洋药物污染，而且增加了经济收入，能够有效促进大黄鱼养殖行业的健康、绿色、可持续发展。先后承办了2场国内会议，并组织水产相关专家举办了4场培训会，培训人次138人。印发大黄鱼生产百科及病害防控科普材料200份给技术人员、基层员工及普通渔民等，受益农民200人次以上（图2.10.4）。接受并协助其他高校及科研院所的科研人员开展科研活动共35次，共协助科研人员77人次，提供技术服务并帮助他们完成科研实验。

图2.10.4　福建宁德大黄鱼科技小院技术培训

四、统一品牌使用

2021年1月，科技小院联合宁德市渔业协会，首次在国内销售的冰鲜大黄鱼上全面统一使用"宁德大黄鱼"品牌。首批冰鲜大黄鱼共计500多吨，由18家大黄鱼收购企业生产，占全市当天收购量95%以上，于当晚收购后，次日一早即发往全国市场。市渔业协会统一制定了质量、净重等标准及包装要求并进行监管，确保来自正宗无疫情产区，"保质保量"——检测合格、重量达标、新鲜美味，以提升消费者对"宁德大黄鱼"品牌认可度，切实做到"原产地，安心购"。

第三节　宁德大黄鱼科技小院建设启示

一、宣传和打造当地的品牌

在打造农业品牌时要深入挖掘当地文化特色，打造出独属于当地的农业品牌，政府要以多种方式开展各具特色的活动，加大对当地农业产品的宣传，通过多种渠道，进行对外销售，然后通过各种各样的公益性宣传，不断提升当地地域内的品牌价值，在当地的地域内凸显当地的品牌，让这一品牌成为当地的一种特色。政府还要建立专门的销售团队，通过对当地农产品的推广及销售，让外来的人员明白当地农产品的优势，再通过推广增加各地人们对本地特色农产品的好奇，拉动本地经济的发展。当地政府要运用科学的技术设备，提高本地农产品的质量，增强本地农产品的口感，让游客或者出差人员通过品尝本地特色农产品留下深刻的印象。而且，通过这些活动，当地政府品牌农业的建设工作开展得会更加顺利。

二、加强科技与品牌互动

要坚持以标准化为支撑，加快建立农业标准体系，大力推进农业标准化示范创建，全面提高质量安全水平和产业发展水平；以绿色化为抓手，大面积推广绿色健康养殖技术，促进农业可持续发展；以规模化为基础，通过"公司＋农户""合作社＋农户"等多种经营形式，提高生产集约化程度；以品牌化为引领，重点加强"三品一标"等建设，增强优质农产品竞争力。

三、构建农业品牌体系

实施农业品牌提升行动，培育一批叫得响、过得硬、有影响力的农产品区域公用品牌、企业品牌、农产品品牌，加快建立差异化竞争优势的品牌战略实施机制，构建特色鲜明、互为补充的农业品牌体系。围绕特色农产品优势区建设，塑强一批农产品区域公用品牌，以县域为重点加强区域公用品牌授权管理和产权保护。以新型农业经营主体为主要载体，创建地域特色鲜明"小而美"的特色农产品品牌。推进农业企业与原料基地紧密结合，加强自主创新、质量管理、市场营销，打造具有较强竞争力的企业品牌。

四、加强品牌宣传推介

深入挖掘品牌文化内涵，讲好农业品牌故事，充分利用各种传播渠道，大力宣传推介中国农业品牌文化。创新品牌营销方式，充分利用农业展会、产销对接会、电商等营销平台，借助互联网、大数据、云计算等现代信息技术，加强品牌市场营销，提升品牌农产品市场占有率，促进农产品优质优价。

第十一章

数字赋能型——建瓯闽北乌龙茶科技小院

2020年7月，发展改革委、网信办、工业和信息化部等13部门联合发布的《关于支持新业态新模式健康发展激活消费市场带动扩大就业的意见》指出，数字经济已经成为推动我国经济社会发展的新引擎。随着消费升级，电商经济成为人们生活中不可或缺的一部分，推动农业与数字经济有机衔接，是解决"三农"难题的重要突破口。

第一节　激活资源要素的
时代价值

随着经济社会的进步，一方面，人们习惯于使用更高效便捷的方式生活，消费者足不出户就可享受数字化带来的便利。另一方面，传统的农业运作方式已经严重制约农业及其生产劳动者的发展。因此，对于生产者和消费者来说，农业数字化发展具有保障和推动作用。

一、农业数字化发展是实施乡村振兴战略的重要途径

乡村振兴战略作为我国一项长期的历史性任务，虽然全面脱贫已经取得了全面胜利，但巩固脱贫成果防止返贫复贫仍是难啃的"硬骨头"。数字经济作为新兴力量，农业数字化被认为是当今建设数字乡村的重要一环，有利于提高农村经营者的市场竞争力，具有很强的"造血"能力。国

家有关部委也陆续出台了许多政策，分别从脱贫攻坚、综合示范、快递物流、产销对接等方面，全面全力推动我国农村电商发展，促使农村电商发展的政策体系和管理机制不断强化，优化发展环境。商务部数据显示，2019年全国贫困县网络零售额达2392亿元，同比增长33%，带动贫困地区500万农民就业增收。农业数字化促使农民收入持续增长，农村生态文明建设显著加强，提高了人们的生活质量，农民获得感显著提升，农村社会稳定和谐，让农村成为安居乐业的美丽家园。

二、农业数字化发展是缩小城乡差距的重要举措

大数据、5G等先进信息技术的发展为城乡生产销售提供了新的环境。数字经济的普及会促进居民消费水平的提升以及消费结构的升级。农业数字的发展能促进城乡之间的联动，数字经济的发展会打破城乡生产者和消费者在时间和空间方面的限制。互联网使农业生产者好货不愁卖，而消费者也不愁买不到好货。随着数字技术的创新，农业相关工作者的收入已大幅度提高，这也从侧面反映了农业就是一个有奔头的产业，更多的人从事农业相关工作，带动农村经济发展，互联网通过缩小城乡居民生存型消费、享受型消费差距和发展型消费差距多维路径显著降低了城乡居民的消费差距❶。

---

❶ 程名望，张家平. 新时代背景下互联网发展与城乡居民消费差距[J]. 数量经济技术经济研究，2019，36（07）：22-41.

三、农业数字化发展是加快产业升级的必然要求

数字化使居民的消费方式和消费渠道发生了较大改变，网络消费、直播平台消费因其便捷、实惠、种类齐全等特点成了最受居民热捧的消费方式。中国农业产业已经发生了重大变化，数字化成为推动行业变革的一大助推器，在一产方面，生产者可以用前沿的创新技术去孕育种植农产品，以追求高产高质，开拓新的经营方式，催生更多新型农业经营主体。在二产方面，数字化能开创更多食品技术，有效延长农产品的产业链，发展加工业等，创造更高的价值。在三产方面，数字化让农业更具有观赏以及旅游的价值，农旅结合已成为农业发展的另一进军方向。数字科技已渗透到农业发展的方方面面。数字科技力量正推动中国农业产业加速发展，推动了农业生产精细化，促进了农业智能化。

第二节　建瓯闽北乌龙茶科技小院
建设成效

建瓯闽北乌龙茶科技小院专家团队将理论和实践相结合，运用数字科技促产促销，提高建瓯乌龙茶品质，研发新产品，推动建瓯乌龙茶产业创新可持续发展，促进茶文化传播，助力企业拓展。

一、科技创新促进农业提质增效

建瓯闽北乌龙茶科技小院驻院团队和企业致力合作新产品的研发，通过实验数据探究水仙、矮脚乌龙以及梅占等数个茶树品种适制性的可行性。继而按照原本加工程序，根据人工费用和经济效益以及所制成品质进行比较，确保新技术可以推广应用。科技小院指导专家郭玉琼和金心怡领衔的乌龙茶清洁化综合做青机，由于颗粒燃烧机热输出经过独特的高效率热交换系统向十六台以上做青机清洁化自动化供热的技术设备，相较于传统做青方式，这款做青系统能隔离式清洁化自动化供热环保节能，节省2/3的人工成本、燃料费用节约达70%以上，在茶叶品质上也有显著提高。

另外，建瓯闽北乌龙茶科技小院专家团队将新能源颗粒质清洁化综合做青机与矮脚乌龙结合，通过不同萎凋方式、做青程度、烘焙温度优化工艺参数，以提高闽北乌龙茶的品质并制定矮脚乌龙加工技术规程，为矮脚乌龙茶制作工艺提供技术与理论支撑。通过三种不同拼配方式对矮脚乌龙进行拼配工艺创新，研发新产品，丰富北苑贡茶产品多样性，建瓯乌龙茶技术创新呈现良好势头。

二、新品种区域试验与示范种植初成规模

建瓯闽北乌龙茶科技小院按照全国茶树品种区域试验规范要求，开展了4个高香优质乌龙茶新种（系）与对照种的对比试验，完成了植物学（树高、幅等）、生物学（春茶萌发期、开采期）和适应性（种植成活率）、

抗逆性（抗旱、抗寒和抗病虫）等农艺经济性状的比较鉴定，初步筛选出了适宜建瓯种植、发展的乌龙茶新品种2个，并建立了核心示范种植区3亩。与此同时，引进示范金牡丹等乌龙茶新品种5个、50亩，促进了我国农业科技成果进一步发展。

三、助力企业线下品牌建设

要做好建瓯乌龙茶产业的可持续发展，就要高度重视实体经济健康发展。建瓯闽北乌龙茶科技小院和农技协的专家不仅在疫情防控期间助力茶企恢复生产，同时科技小院也帮助企业在线下进行了新的突破，进一步开拓了新型的包装和产品，设计新型的图样和图示，让消费者选择更多样、同时也通过当地的茶事活动，助力企业拓展。科技小院设立品牌推广团队助力企业品牌旗舰店于2020年在建瓯正式建成开业，集营销、品牌宣传、茶文化传播于一体，提高知名度，拓展来自全国的业务订单，增强其实体经济盈利能力，助力企业向更高的目标加速发展。

四、多方合力开展线上直播推介活动

茶产业是建瓯的传统特色产业，2019年，全市茶园面积12.7万亩，年产1.63万吨茶叶，其中乌龙茶年产1.56万吨，全国第一。数媒时代直播带货已成为拉动国内消费需求的重要形式，直播带货可纾解农产品的滞销困境，还能推动建瓯文化的传播，近年来，建瓯坚持绿色发展，坚持茶旅结合，共建茶平台，走出一条生产发展、生活富裕、生态良好的"三生共融"发展之路。在疫情的影响下，电商平台则成了一个良好的契机。2020年5月17日，由中国农技协科技小院联盟（福建）、建瓯市人民政府联合主办，建瓯市科学技术协会承办的"云吃茶"网络直播活动。采用网络直播的方式，政府、专家合力为优质的北苑贡茶助力，将疫情的负面影响降到最低。资深茶叶专家中国工程院院士、中国农业科学院茶叶研究所研究员陈宗懋先生；中国农技协副理事长张建华；福建农林大学园艺学院副院长、科技小院指导老师郭玉琼以及科技小院入驻研究生陈光武在分会场通过网络连线的方式，邀请茶友品鉴北苑贡茶。通过专家网络直播"带货"，活动直播间刚开播，全国各地茶友就慕名而来，"云集"各大直播平台。短短两小时不到，点击量高达102万人次，互动量超10万次，产品成交近4000笔，成交金额达78.53万元。多方合力开播在一定情况下增加了产品的公信力，提高了乌龙茶的曝光率，拓宽了其传播范围及消费群体，有力推动了建瓯乌龙茶的发展。

第三节 建瓯闽北乌龙茶 科技小院建设启示

一、实地教学培训，激发农业创新内生动力

建瓯闽北乌龙茶科技小院专家团队和入驻的研究生以农业、农民、农村为对象，与当地茶农、茶企"零距离"开展科学技术普及，并围绕茶产业链中的生态茶园绿色防控、茶叶加工设备改造升级、茶叶加工技术提

升、茶叶品质鉴评等，确保茶园绿色、安全，茶叶产品质量稳定。此外，为建瓯乌龙茶产业发展提供产业技术服务，及时寻找产业中存在的共性、关键性技术问题，带回高校、科研单位研究解决，实现学校地方企业的联动和高效合作共赢的工作模式。团队专家致力于在田间地头切身传授经验，解决农业技术"最后一公里"问题。科技小院专家不定期进行教学培训，有针对性地帮扶当地茶产业，针对不同岗位群体进行针对性的知识交流。如：给茶农和技术人员讲解颗粒机工作原理和解决生产问题、为农户普及茶叶知识、与厂长探讨生产方法，给学生讲解焙茶技术，给技术人员讲解审评要领。自从入驻专家老师到科技小院，已实地指导10余次，开展培训活动6次，举办茶文化学习活动5次，发放宣传手册1200余本。分类培训，提升务农相关职业人员的素养，促进现代农业高效发展。

二、改变传统思维，促进关键技术创新

推动绿色低碳发展，支持绿色技术创新。建瓯闽北乌龙茶科技小院成立以来，致力于改变其生产过程中不科学的状况，实现农业增产增收和生态环保。目前闽北地区所采用的综合做青机大部分利用烧炭和电加热进行供热，传统制作方式耗时长、耗能大、不清洁，一定程度上也影响茶叶质量及空气质量，驻科技小院的专家团队针对现存问题开展一系列科技创新研究与示范，聚焦综合做青机进行设备更新，使用生物质颗粒燃料的清洁化自动化乌龙茶综合做青系统代替传统做青机，绿色环保的同时还省时省力，最重要的是产品质量也有了很大的提升。以绿色发展引领产业振兴，是我国实现全面乡村振兴和农业农村现代化的重要方向。

三、把握机遇，激发电子商务发展活力

疫情带来危机的同时，数字时代也给电商带来了机遇，在疫情影响下，消费者对线上购买的信任度不断强化，线上购买习惯正加速培育，线上购物成为消费主流。培育多层次的电商主体，调动电子商务在农村地区的积极性。农村电子商务的主体不仅仅是农民个人，龙头企业如成龙茶厂也起了很好的带头作用，在政府、专家等的助力下，直播带货颇有成效。新型农民叠加互联网平台形成合力，将大大推动农业变革，加速乡村振兴。

第十二章

要素激活型——
连江海带科技小院

我国"三农"问题之所以长期存在，一个重要原因就是劳动力、土地、资本等生产要素向城市的"单向流动"，其结果是乡村生产要素的相对缺乏和发展能力的持续下降。乡村振兴战略实施过程中，应注重促进各类要素更多向乡村流动，在乡村形成人才、土地、资金、产业、信息汇聚的良性循环，为乡村振兴注入新动能。

第一节　激活资源要素的时代价值

科技小院作为建设在农业农村产业一线，集农业科技创新、示范推广和人才培养于一体的基层科技服务平台，有利于激活乡村资源要素、促进资源要素良性循环。

一、促进产业和人才深度融合

乡村产业的兴旺与发展，必须牢牢依靠一大批"爱农业、懂技术、善经营、会管理、有道德、守纪律、有情怀、有担当"的乡村产业人才来支撑。要推动乡村人才振兴，把人力资本开发放在首要位置，强化乡村振兴人才支撑，加快培育新型农业经营主体。

二、激发资源潜力

资源要素是经济发展的基本要素，资源节约集约利用和新资源开发利用是解决资源问题的两大途径。目前，我国农村的耕地保护碎片化、空间布局散乱化、土地利用低效化问题较为凸显。积极开展农用地整治，在保护生态环境、田园风光的前提下，对各类农用地开展综合整治，统筹推进高标准农田建设、旱地改水田、耕地质量提升、宜耕后备资源开发，以及农田基础设施和配套设施建设，形成耕地集中连片，为耕地规模经营和发展现代农业创造条件，也是激发农村土地资源潜力的客观要求。

三、畅通多元投入渠道

强化财政投入、撬动金融投入、引导社会资本投入是解决乡村振兴资金问题的渠道。一是财政投入，对于中央财政来说，建立涉农资金统筹整合长效机制是核心，以优惠政策来吸引和导入金融，以及社会资本，是解决资金问题的关键。对于地方政府来说，应该从税收政策和奖励机制上鼓励企业和农民参与乡村建设。二是金融投入，农业企业可以选择向银行贷款等方式解决资金问题。农民（农民合作社）可以向银行借贷资金、众筹等方式得到资金支持。三是引导社会资本投入，在资金奖补、政府投资基金、普惠金融、农业龙头企业上市等方面加大支持。

第二节　连江海带科技小院
建设成效

连江海带科技小院自2019年成立以来，在中国农技协的带领下，省市县科协的指导下，以及福建农林大学及其所带领的研究生的大力支持下，围绕着开拓市场、技术集成、技术培训、技术服务、人才培养和技术保障，积极提高办事效率，加强外联、寻求合作；同时加强科研资源整合，规范管理，充实工作内容，使连江海带科技小院的科研工作在基础比较薄弱、实力相对落后的条件下取得了进步。

一、积极营造科研氛围

实践和科研是科技小院两个最基本职能，两者相辅相成、相互促进。没有较高水平的科学研究，提高连江海带产量、提升经济效益就会面临严重的瓶颈制约，海带产业进一步发展也就失去了应有的基础和最基本的条件。然而，连江海带科技小院成立之初，科研工作所面临的现实是基础薄弱，实力相对落后，与解决当地农户的海带养殖问题，实现增产增收的要求存在着较大的反差。面对这一现实，连江海带科技小院成立伊始，按照科技小院的具体部署和要求，对连江海带科技小院的科研状况进行了全面调研，通过排查分析，进一步认清了现状，找准了差距。一致认为，最大的差距是目前的养殖实际情况与养殖目标之间的差距。为此，科技小院及时采取了一系列旨在营造科研氛围、调动和激发科技小院科研工作积极性、增强产业落到实处，进一步提升为农户服务的意识。主要通过与福建农林大学签订相关合作项目，印发并组织学习科技小院的科研管理文件，使教授和学生了解掌握有关政策要求和制度办法的规定等等。采取这些措施和做法，有效地营造了科技小院的科研氛围，强化了科研意识，激发了大家的工作热情。

连江海带科技小院在全面调查研究的基础上，密切结合连江海带科技小院的实际，及时起草制定了适合连江海带科技小院实际状况的科研管理制度办法，整修科技小院工作场所，购置相关实验仪器及设备，列支专项科技费用，对有重要学术价值或良好应用前景的基础研究、应用基础研究、预研后可能申报纵向项目或争取较大横向科研项目的前期研究进行扶持，连江海带科技小院成立以来已立项资助自选课题2项，建立了一定的奖励制度，如对发表的重要论文给予适量的版面费补贴；对获奖成果、授权专利和被国际、国内收录的高水平文章给予奖励，引导教师出高水平的成果；实行按纵向科研项目到账经费计算工作量，引导教师申报纵向课题等。一系列的扶持激励政策，引导、支持和鼓励教师重视科研，积极开展科研活动。

二、加强政策引导管理服务到位

按照"争创一流，勇于创新，敬业奉献，崇尚劳动"的基本思路和工作宗旨，大力弘扬劳模精神、劳动精神、工匠精神。连江海带科技小院在人员分工清楚，职责明确到位的前提下，明确了一个共同的首要职责就是进一步改善连江海带养殖过程中出现的瓶颈问题，实现海带养殖的增产增收。2020年，科技小院全体工作人员进一步牢固树立"管理就是服务"的理念，不断强化服务意识，端正服务态度，提高办事效率；在热情做好服务的同时，连江海带科技小院对内着力加强科研规范化管理，不断夯实基础工作，健全和完善了各项管理办法，对外充分利用毗邻各海带养殖场、周边养殖农户多的区位优势，主动出击，下渔排、跑现场，了解养殖户技术需求；科技小院主动协调相关部门和单位不断改善资料查询和信息搜集等方面的条件，创新了服务方式和方法，为广大教师和科技人员开展科研活动给予了全力支持，提供了良好的服务。2020年科技小院工作人员累计拜访海带育苗企业6家，养殖户达215户，为养殖户解决海带生产养殖相关问题24件。2020年，科技小院增加了与科研单位的密切配合，在原来与福建农林大学合作的基础上，进一步加强与省农科院、省海洋与渔业局、县渔业推广总站的合作。提升了科研力量基础，更好为科技落地，将科研"带到海洋中"去；实现"海区耕作科技化"。

三、广泛开展科技合作交流

推动连江官坞海带科技小院的发展，离不开与地方政府、企业间的科技合作与交流。积极整合资源，促进产学研结合，积极有效地开展了多种形式的合作与交流。2020年，公司开展了"海带新品系推广养殖试验项目""方便速食海带精深加工项目"，合作的主要内容包括加强产业项目合作，开展产业技术联合攻关，加强产学研合作，推动产业发展，加强技术转移合作，加快科技成果转化，开展重大决策咨询，教育合作与人才培养等。紧紧围绕地方经济和社会发展问题开展项目，项目的最终成果将为地方经济和社会发展起到积极作用，并与地方政府、企业资源共享、优势互补，实现双赢。

四、海带成果质量明显提高

2020年，连江海带科技小院共育有"连杂1号""连杂2号"系列海带苗，约15万片，可供养殖的面积达10万亩。截至2020年11月30日，已经全部销售完毕。海带良种主要推广地区有福建、山东、大连、浙江等地。

在海带加工技术方面，科技小院也通过试验及研发，开展了两项海带加工项目，进一步提升了"方便速食海带精深加工"工艺，改良了"压缩海带"的工艺，提升产品品质，为海带加工产品附加值的进一步提升奠定基础，促进福建海带产业更好更快发展。

五、为高校提供实践基地

目前，不少高校的水产专业的研究生，没有自己的实践基地，研究生长期留在实验室，没有参与到实际的生产过程中，水产专业的研究生做着纸上谈兵的"无水水产"研究。2020年，连江海带科技小院为福建农林大学提供了实践基地，让研究生告别纸上谈兵的窘境，让所学能够落到实处，同时培养了兴趣，增加了成就感。

第三节　连江海带科技小院
建设启示

一、建设人才服务产业基地平台

科技小院作为深入农村和生产一线的"据点"，为科技人员提供了驻村日常生活必需的场所，同时为科技人员的学习和对外联系提供了场地。一方面，科技小院是对接农业高等院校、科研院所服务乡村产业的重要平台；另一方面，在科技小院技术示范与推广过程中，能培养提升农村实用人才的技能水平和经营能力，使产业发展和人才培养同步推进。

二、激活海洋资源潜力

海洋资源作为自然资源的重要组成部分，不仅与其他资源一起，在整个资源大系统中发挥着不可替代的作用，而且正在显示出越来越重要的经济、社会价值。随着土地资源的日益减少，人类对海洋资源的依赖将日益增大，开发利用海洋资源可缓解土地资源不足压力。福建省海域辽阔，面积约13.63万平方千米，水深200米以内的海洋渔场面积约12.51万平方千米，占全国海洋渔场面积的4.5%。全省可作业的海洋渔场面积约12.5万平方千米，其中适宜贝类、藻类和海产品养殖的面积约2700平方千米，鱼类达500多种，是我国主要产鱼区。我国人均耕地资源贫乏，在不断升级的耕地问题和粮食问题背景下，充分开发利用海洋资源，激活海洋资源这一未充分开发的要素潜力，把海洋建设成获取优质蛋白质的巨大"蓝色粮仓"，对于福建这一海洋资源丰富的省份来说，前景广阔。

第十三章

协同共融型——
永春芦柑科技小院

永春芦柑科技小院于2020年10月由福建省科协主导，中国农技协认定命名并授牌，是福建省第二批、泉州市第一家科技小院，依托永春绿源柑桔专业合作社和永春县农技协，由省科协、福建农林大学、省农科院、省农技协、泉州市科协、永春县科协等单位共同组建，是集"农业科技创新、农业技术服务、农村科学普及、科技人才培养"四位一体的非营利性"三农"服务平台，是构建"产学研用政"紧密结合的新模式。成立以来入住12名专家，22名研究生，通过科技小院研究生长期在果园驻扎，促进高校-研究生-合作社-政府-果农的有机融合。

一、科技创新

永春芦柑产业从20世纪70年代开始至今，永春大多农村人口一直以来是靠芦柑为生并致富的，永春芦柑产业是地方经济的重要支柱产业。

近年来，产区由于黄龙病蔓延危害，加上劳动力紧缺、管理不科学，果农出现重大小轻品质观念，果园长期存在肥料撒施、肥水管理不科学、农药和除草剂不正确使用等问题，导致了土壤酸化严重、生态污染、果实品质下降、病虫害多发，给果农们带来了巨大的经济损失。怎样解决这些问题？2020年8月成功申报的"福建永春芦柑科技小院"建设项目，为突破产业瓶颈提供可靠的技术支撑，使永春芦柑产业创新驱动进入新的转折点。

入驻科技小院专家团队和研究生先后深入永春县湖洋镇、达埔镇、吾峰镇、东关镇等多个乡镇走访调研34次，通过与果农亲密接触、深度融合，深入了解永春芦柑产业现状和存在问题，为科技小院研究、推广优质高效实用技术提供了准确的信息来源。

科技小院通过实地调查芦柑产业现状和存在问题，提炼出产业中重大技术问题：芦柑稳产高效树形、早熟芦柑防裂果、有机肥液体化、土壤生态改善、土壤调酸、天敌生态区建设、预防日灼果、种植牧草覆盖果园、新品种筛选等9个项目开展落地技术研发，为科技小院的持续科技服务提供支持。同时，达到芦柑产业提质增效的目的，并培养研究生成为高层次应用人才。

二、科技服务

永春芦柑科技小院聚焦福建省泉州市永春县主要农产品——芦柑，展开一系列科技服务活动。

2022年4月30日，永春芦柑科技小院得知达埔镇新溪黄成家柑橘场部分果树出现生长障碍，亟待技术支持。科技小院责任专家、福建农林大学教授王平立即带领技术团队"出诊"，现场开出防治"良方"。在永春电视台和福建省电视台乡村振兴频道播出。

科研团队深入调研永春芦柑种植大户果园日灼果发生情况，发现日灼果发生严重。永春县各个果园都出现了不同程度日灼果，有的果园日灼率可达60%～70%，导致果实失去商品价值，影响果农经济收入。因此及时防治日灼果，并且找到解决日灼果问题的办法刻不容缓。为此，2022年7月28日，科技小院与永春县气象局合作签约，开展影响果园日灼果发生的气象因子跟踪监测与分析，以实现永春县气象局气象因子检测优势和科技小院研究力量优势两者结合，为开发落地的预防日灼果应用技术提供可靠保障，共同打造"农业气候好产品"。

永春芦柑稳产高效树形培育技术是一个成熟技术。通过芦柑树拉枝矮化修剪等措施，改变果树顶端优势，将树高控制在2.5米以下，使枝条均匀接受光照，改善通风效果，达到稳产、优质和高效的目的。科技小院大力推广芦柑高效稳产树形即自然开心形树形，该树形可改善树冠内部光照，增加内膛结果，延长丰产年限，对提高产量和品质有很好的效果。永春县以及周边市县应用该新型技术管理芦柑面积达3万亩。

永春芦柑科技小院紧密配合福建省农技协、永春县科协、永春县农技协，积极主动开展各项技术服务活动6次，推广永春芦柑自然开心形树形、有机物液体化技术、埋管滴渗技术以及预防柑橘黄龙病的"永春模式"。

科技小院专家团队和研究生团队多次深入果农当中，在技术落地推广的最后一公里起着重要的桥梁和纽带作用，为当地果农提供了可靠优质的技术服务。通过提供芦柑产业技术支撑、全产业链技术服务等推动永春芦柑产业融合升级，实现提质增效。

永春芦柑科技小院已在科技志愿服务平台成立科技志愿服务分队，小院师生等共15人加入该组织，并积极参与开展的各项活动，如："齐心抗疫，不误春耕"科技志愿服务活动、科技工作者日活动之弘扬科技助农活动、永春芦柑产业发展科技服务、举办芦柑栽培实用技术培训班。服务活动时长达1560小时。福建永春芦柑科技小院科技志愿服务队践行了全国科技工作者日设立的初心，推进了理念创新和手段创新，进一步贴近了大众。参与其中的科技工作者以炽热的情怀、实际的行动，携手为永春柑橘产业持续高质量发展推波助澜，为今后永春柑橘产业绿色发展夯实基础。

三、人才培养

永春芦柑科技小院聚集一批芦柑产业科技人员多次深入果园，在永春县湖洋、达埔、吾峰等多个乡镇开展技术培训。永春芦柑科技小院自成立以来至2022年7月30日共开展技术培训班、交流会22场，培养新型职业农民1836人次。技术培训会讲解了高效稳产树形技术、土壤调酸技术、芦柑绿色省力化栽培新技术、果园简易水肥一体化新技术、柑橘精准营养与减肥提质技术、永春芦柑提质增效新技术、无人机在果园中应用、柑园有机质发酵液体化技术及其应用等，吸引当地果农参与，培养了一批新型农民。一些当地的传统农民，通过培训转化为新型农民，利用现代生产技术提高农业生产效率，获得更高的经济效益。这批新型农民也在当地起到了模范带头作用，吸引更多的人来参加培训会，形成一个良性循环。除此之外，永春芦柑科技小院将当地的农技协、科协、高校紧密联系在一起，将人力智力资源和科技资源引入当地，提升当地芦柑产业的技术水平，也培养了一批新时代"三农"服务者。

入驻研究生团队22人，每年常驻4～6人。通过长期驻扎在科技小院，记录科技小院日常运行情况，编写工作日志300多篇。研究生通过采集芦柑生产过程的信息，参与生产、营销，跟踪技术，了解农户和产业的情况、成本产出与投入，调查产业问题，找出产业发展瓶颈，开展科学创新实验，研究生的书写、表达、沟通能力大大提高，真正把论文写在大地上。

四、科普活动

芦柑科技小院平时或依托全国科普日等重要主题会开展科普活动6次，接待到场技术咨询的群众达1000多人次，现场分发技术普及推广材料近1400份。

（1）2021年1月20日，永春县农村专业技术协会张生才理事长给科技小院常驻研究生高志键、葛聪、周秋蓉讲解芦柑高效稳产树形修剪技术以及冬季修剪的重要性。接待到场技术咨询的群众达100多人次，现场分发技术普及推广材料近100份。

（2）2021年8月28日上午，由永春县农村专业技术协会、福建永春芦柑科技小院组织共同举办的"永春芦柑优质稳产树形培育新技术"现场交流会。接待到场技术咨询的群众达100多人次，现场分发技术普及推广材料100多份。

（3）2022年5月26日晚，永春芦柑科技小院积极参与由永春县科学技术局、永春县委宣传部、永春县科学技术协会主办的"走进科技 你我同行"为主题的"全国科技活动周"大型科技宣传活动。活动围绕黄龙病疫区永春芦柑新种植技术模式，特别是生态、省力化栽培等提质增效方面，将农民群众亟待掌握和应用的先进管理技术带到现场，为在场的种植户答疑解惑。此次活动接待技术咨询的群众达300多人次，现场分发技术普及推广材料近700份。

（4）2022年5月28日，永春芦柑科技小院、永春县农村专业技术协会、永春县湖洋镇农村专业技术协会在永春县湖洋镇侨联会，共同开展2022年"全国科技工作者日"系列活动。以实际行动助推农业科技的普及推广，践行奋战在生产一线的科技工作者助农提质增效增收，激发产业创新活力的使命。接待到场技术咨询的群众达100多人次，现场分发技术普及推广材料近200份。

（5）2022年6月1日，参加福建省农村专业技术协会和永春县政府共同举办的"2022年闽江科学传播学者八闽行暨科技志愿服务活动——科普大讲坛"。接待到场技术咨询的群众达200多人次，现场分发技术普及推广材料近100份。

（6）在芦柑科技小院入口处、生活区放置科技展板9个。内容涉及科技小院简介、科技小院的目标与任务等，还介绍了目前科技小院正在推广的自然开心形树形技术以及正在研发的提质增效技术和水肥一体化技术等。生活区展板介绍了柑橘常见的病虫害及解决办法，还有关于防控柑橘黄龙病的"永春模式"等。科技小院还印刷了"柑橘生产实用技术100问"

和"福建永春芦柑科技小院资料汇编"这两本内部书籍，共3000册，用实用易懂的行文，向果农提供柑橘生产中可能遇到的问题及解决办法。

五、特色亮点

（1）高效稳产树形

高效稳产树形又名开心形树形，通过芦柑树拉枝矮化，将其高度控制在两米左右，改变果树顶端优势，形成"1干3枝"的开心形树形，无交叉重叠枝，枝条都能均匀地接受光照，果实质量自然也均衡，果树达到既健壮又提升品质的效果。2021年11月22日，天马柑橘示范园9年高效稳产树形举办测评会。该果园平均株产66.75kg，直径大于70mm大果率为76.37%，可溶性固形物含量为13.61%。提高经济效益20%。

（2）有机物液体化结合埋管滴渗技术

使用榨油后花生饼、菜籽饼，次品果和果皮渣等残渣作为材料，在发酵罐发酵，使有机物液体化。通过埋管滴渗技术使液体化有机肥和化肥渗入土壤，提高肥效，节约肥料50%左右，同时减少用工和除草剂使用，实现提质增效。目前在漳州平和、永春等地推广埋筒施肥技术应用果园2万亩。

（3）果园生态试验区

建设天敌生态区，通过生态工程治理有害生物。种植天敌喜欢、助增天敌的蜜源植物和花草等，为天敌提供栖息空间。招引（进）草蛉、瓢虫等广食性捕食性天敌，控制红蜘蛛、蚜虫等害虫类数量，预防柑橘木虱（对柑橘黄龙病的防控意义重大），减少农药的使用，实现果园生态健康种植的目的。

六、成效

　　2021年9月永春芦柑科技小院被评为"福建省优秀科技小院"。2021年12月永春芦柑科技小院依托单位永春县农技协被评为"福建省先进农技协组织"。2022年5月永春芦柑科技小院依托单位永春绿源柑桔专业合作社被认定为"中国农技协科普教育基地"。永春芦柑科技小院研究生高志键荣获2021年"福建科技小院优秀研究生"。永春芦柑科技小院依托单位永春县农技协理事长张生才先后被评为："福建省最美科技工作者"，中国农技协："十佳乡土科技人才""最美科技工作者"。

第十四章

产业带动型——浦城再生稻科技小院

浦城再生稻科技小院是由中国农村专业技术协会批准设立，福建省科协、福建省农技协、福建农林大学、南平市科协、浦城县科协、浦城县农业农村局等单位共同建设，以福建山农米业有限公司为依托单位，集农业科技创新、社会服务、示范推广和人才培养于一体的基层科技服务平台，是中国农技协2021年在福建设立的九家"科技小院"之一。

浦城再生稻科技小院专家团队由福建农林大学原副校长、在职二级教授、国家百千万人才工程一二层人选、国务院政府特殊津贴专家、教育部植物生产类教学指导委副主任委员、福建省首批科技创新领军人才、福建省教学名师、福建省特邀督学、博士生导师林文雄担任首席专家，其余10位资深专家教授和9名在读博士、硕士研究生共同组成。科技小院紧紧围绕"打造集农业科技创新、农业技术服务、农村科学普及、人才培养培训四位一体的服务'三农'和乡村振兴平台"总目标，充分发挥人才优势、资源优势、平台优势，扎根基层，服务一线，按照"零距离、零门槛、零时差、零费用"的标准，持续性地为当地企业、农民和政府提供农业技术服务、开展农业科技创新、培育新型职业农民，解决再生稻优质高效生产中存在的关键问题，助推浦城水稻产业提质增效以及"三农"发展，进一步提升县域优势产业，打造现代农业样板，助力浦城乡村振兴。

浦城再生稻科技小院自2021年成立以来，在首席专家福建农林大学林文雄教授的带领指导下，开展了以下工作。

一、科技创新

1.品种筛选与区域规划

针对适合浦城机械化生产条件下强再生力优质再生稻品种缺乏问题，开展了品种筛选试验，通过对23个再生稻品种的生育期、产量等农艺性状进行考察，筛选出适合浦城不同光温资源条件的优质强再生力水稻品种5个（甬优1526、甬优1540、沪优1831、甬优4949、明1优臻占等），其中多个品种目前已在生产上种植应用；同时根据浦城不同生态区域的温光资源条件，提出了浦城可发展早熟再生稻和中晚熟再生稻，规划了浦城再生稻的区域化布局及主体品种，明确了浦城再生稻发展的区划布局。

2.集成示范，助力再生稻高产稳产

浦城再生稻科技小院自成立以来，深入了解浦城再生稻产业现状和存在问题，针对浦城机械化生产条件下头季收获腋芽机械碾压严重、再生季发芽少等生产难题，提出了头季稻适时早播、两次烤田以及两促水肥管理等关键技术，集成主推了全程机械化低留桩再生稻"三保两促一攻"（321）高产高效栽培技术，解决了浦城传统再生稻种植中的瓶颈问题，依托福建山农米业公司建立了1653亩示范片，2021年再生稻喜获丰收，头季稻经三明市农业科学院、福建省农业科学院水稻研究所、南平市农业技术推广站、浦城县农业技术推广站等有关专家现场测产，干谷亩产量达726.58公斤，较传统栽培法增产20.37%；再生季经华南农业大学、福建省种植业技术推广站、浦城县农业技术推广站等有关专家现场测产，干谷亩产量达438.9公斤，较传统栽培增产35.67%，两季合计产量亩超吨粮，亩增收稻谷238.35公斤，亩增加纯收入595.88元，并以石陂、临江示范基地为辐射点，在浦城县示范推广全程机械化低留桩再生稻"三保两促一攻"高产高效栽培技术，面积达6万多亩，使全县再生稻产量水平上了一个台阶，取得良好的社会效益和经济效益。

3.研制了再生稻专用控释掺混肥

针对农村劳动力短缺、用工成本高、再生稻施肥次数多等问题特点，科技小院研究团队研发了再生稻专用控释掺混肥，与传统施肥相比，控释掺混肥使再生稻施肥次数从5次减为2次，肥料用量减少10%～20%，节

本增产效果较好，后续将在浦城再生稻种植区广泛示范推广。

4. 打造"浦城再生稻米"品牌

针对再生稻米优质不优价问题，科技小院入驻研究生完成了浦城再生稻米的包装设计，并助力依托单位向国家知识产权局申请了"石陂山农再生米"注册商标，着力打造"浦城再生稻米"品牌，实现再生稻米优质优价，助力农民增产增收。

5. 构建"再生稻+"低碳高效农业新模式

针对再生稻收获后的冬季土地闲置问题，团队在林文雄教授的带领下，提出了"再生稻+"低碳高效农业新模式建设，筛选出茬口衔接适合浦城冬季生长的水果蔬菜，例如花菜、圣女果、甘蓝等应季蔬菜和七彩油菜等观赏绿肥两用作物，提高了土地和人力资源利用率，促进浦城稻作产业的多样化使农企增收。

二、科技服务

浦城再生稻科技小院自成立以来，首席专家林文雄教授及入驻专家在不耽误教学任务的同时，利用周末、假期时间下基层零距离、零门槛、零时差和零费用服务农户及生产组织，深入调研走访浦城县石陂镇、临江镇、永兴镇、富岭镇等多个乡镇46次，现场开出问题"良方"，累计开展各项技术服务活动20多次，成立科技志愿服务分队，科技小院师生等共7人加入该组织。科技小院研究生通过科技长廊、科技小车等多种方式，开展科技志愿服务，同时为了克服疫情造成的不便，师生们充分利用现代信息技术千方百计开展多种形式的线上技术服务等，服务活动时长达500多小时。

三、人才培养

为了充分发挥科技小院的平台优势，打造助推乡村科技和人才振兴示范区，科技小院不定期开展专业农业观摩、成果鉴定、技术研讨会等。林文雄教授针对浦城县种植大户开展了多次线下培训活动，截至2022年8月17日共开展技术培训班、交流会6场，累计超1500人次参与，培养了一批新型农民；同时入驻研究生驻扎生产一线，在为广大农民提供田间培训、技术指导等四零服务的同时，针对农户的实际生产难题，开展科学研究，促使研究生在实践中提升自我，实现了"研究生与农户双方互利"的教育生产模式，实现"把论文写在祖国大地上，把科研做在生产实践中"。

四、科普活动

入驻研究生通过举办"农民田间学校"等，为广大农民普及农业知识，在再生稻生长的关键时期，入驻研究生走进田间，现场为农户讲解白叶枯、二化螟、纹枯病等病虫害防治技巧，并且制作了病虫害相关的科普视频5个，相关科普视频已经发布在"浦城再生稻科技小院"视频公众号上，后台数据显示每条视频浏览量超过10000+，同时科技小院设置了科技展板6个，印刷发放了"水稻常见病虫害"和"再生稻科普小知识"等各种科普资料500多份给种植大户，接待到科技小院技术咨询的群众达200多人次，促进了种植户的素质提升。

浦城再生稻小院自成立以来积极推进研学基地建设，2021和2022年暑假期间，先后接待了清华大学和福建农林大学"三下乡"实践团队来到浦城县石陂镇进行校外实践，科技小院入驻研究生向三下乡团队介绍了科技小院的基本情况，并且联合三下乡同学以"击鼓传花"等游戏方式向当地农户、中学生等科普了再生稻相关知识。今后科技小院将进一步加快研学基地建设，建立起集产、学、研于一体的农业生产、产品加工、研学体验、自然教育和观赏旅游等多功能农业模式研究与示范基地，促进农业发展与乡村振兴。

第十五章

品质提升型——尤溪红茶科技小院

尤溪红茶科技小院于2020年10月获批为中国农技协、福建省科协科技小院，为福建省第二批八家科技小院之一，是2021年福建省唯一一家入选了全国十佳的科技小院。专家团队由福建省科协副主席、福建农林大学博士生导师杨江帆教授担任首席专家，陈荣生、叶乃兴、易志刚、谢向英、郑逎辉等资深教授以及相关技术骨干组成，是中国农技协科技小院联盟认定命名并授牌，集农业科技创新、农业技术服务、农村科学普及、人才培养培训四位一体，服务"三农"和乡村产业振兴的平台。共建单位为福建农林大学、福建省农村专业技术协会、福建省农业科学院、三明市科学技术协会、尤溪县科学技术协会、尤溪县茶叶技术推广站、尤溪县光兴茶业有限公司和尤溪县云富茶业有限公司。

一、科技服务

尤溪县是福建省产茶大县，全县有14个乡镇种植茶叶，茶园总面积超过十万亩，年产茶叶达到万吨，茶产业产值超过十亿元。福建尤溪红茶科技小院聚焦尤溪茶产业，切实调研后发现其存在：茶农现代化农业知识匮乏；缺乏自媒体运营及大众传媒覆盖；龙头企业示范带动能力不强；产业市场竞争力不足等问题。

对此，尤溪红茶科技小院陆续提出技术解决方案，即采取政府引导、农民主体、院校参与、项目捆绑的方式，开展技术集成、科技服务、技术推广，将具体成果应用转化到生产实践。科技小院专家带领研究生深入田间地头，就茶树品种在不同比例有机肥施肥条件下的生长态势做深入探讨与计量检测，通过农业技术提高农业生产力，同时通过技术助力茶叶生产；构建尤溪红茶品质成分的指纹图谱数据库，鉴定出410种具有显著差异的代谢物，用于尤溪红茶的品种、品质特征和产地鉴别；制作科技展板，建立科技长廊，让农户可以随时了解技术要点；接受"科技服务订单"，为依托单位制作宣传视频；生态茶园研究方面，对茶园试验田样地进行三次土壤采样，多次茶叶采样，开展土壤改良，绿色茶园建设，研究茶园生态系统碳计量与碳中和关键技术，着力提高茶叶品质、产量和茶园生态服务功能，推动茶产业绿色高质量发展。

以解决产业技术难点为突破口，以保证技术"可落地、可复制、可推广"为原则，科技小院累计开展技术服务40余场，服务1000余人次，辐射面积约10万亩。

二、人才培养

尤溪红茶科技小院大力引进专家人才资源，汇集农业科研院所研究人员、地方农业技术推广人员、研究生等各方面专家人才驻县、驻院工作，形成了研究单位和推广单位、理论技术研究与生产实践紧密结合的综合平台。

截止到2022年8月，科技小院共培养毕业生5名，其中有2名博士生、3名研究生，正在培养3名博士生、13名研究生。招生领域面向园艺与种业（园艺方向）及资源利用与植物保护（农业资源利用），每年预计招收硕士研究生2~4名，为科技小院持续输送人才。科技小院研究生长期扎根在一线，建立与农民同吃同住同劳动的培养模式，深入农村开展生产技术研究和推广、科普服务工作。入驻期间，共发表了9篇学术论文，科技小院博士生郭豪更是荣获"福建科技小院优秀研究生"称号。

此外，科技小院积极开展科技推广应用活动，培训地方专业合作社、茶农，让他们成为新技术、新品种推广的骨干力量，进而形成以点带面的工作模式。

三、科普活动

截至2022年8月份，尤溪红茶科技小院共开展茶叶科学知识普及八次，组织技能培训会四场，发表科普文章、视频20余篇，编印农业生产技术推广或农村科普材料2000余份，累计服务1000多人次。科普面向不同的阶层，针对不同的群体设计不同的内容。

科技小院时刻关注全国农技协联合行动并踊跃参与系列科普活动。2021年"全国科普日"主题"百年再出发，迈向高水平科技自立自强"，尤溪红茶科技小院参与其推出的系列科技小院展，为助力乡村振兴添砖加瓦。依托2022年"5·30全国科技工作者日"宣传，科技小院作为支持单位于"全国科技工作者日"主场活动暨尤溪县"尤溪红，福天下"首届茶叶交易会进行科普活动，为尤溪"两茶"产业的高质量发展蓄势蓄能。

四、赋能协会

为了贯彻落实中国农技协对科技小院农业技术服务的总体要求，通过科技小院赋能基层农技协组织，尤溪红茶科技小院致力于农业技术推广工作，推动尤溪"两茶"产业高质量发展，积极参与尤溪县"两茶"工作推进会、协办尤溪"两茶"文化节与尤溪红茶斗茶赛等活动与赛事；邀请多位科技小院专家开展多期培训会，涉及茶树栽培与茶园管理技术、尤溪茶叶商业价值提升与市场推广、红茶加工技术、茶园土壤修复技术、生态茶园建设及绿色防控等多领域内容，帮助解决产业实际问题；科技小院承办尤溪县"五新"（农机新机具）示范推广展示会，加快推进尤溪县茶叶生产全程机械化进程。此外，多次开展技术服务，编印及发放农业技术推广材料，以解决产业技术难点为突破口，提升服务能力，借助各类重要科普宣传活动集中展示农业技术成果，致力推动农民科学素质和农业技术水平的提高。

五、科技志愿服务

2022年尤溪红茶科技小院科技志愿服务队继续砥砺前行。

1月，福建省科技特派员、尤溪红茶科技小院吴芹瑶老师带领科技志愿者团队（尤溪茶叶品牌建设与市场拓展研究小组）入驻科技小院，开展为期三天的调研活动。调研以提升尤溪茶叶品牌建设与市场拓展中的关键技术性问题为主题。

3月10日，"学雷锋"助春耕科技志愿服务活动在科技小院展开。在科技小院入驻专家金珊老师的带领下，福建农林大学园艺学院研究生代表深入田间地头，与科技小院依托单位光兴茶业负责人叶光兴就福云6号茶树品种在不同比例有机肥施肥条件下的生长态势做深入探讨与计量检测，因地制宜，变废为宝，通过农业技术提高农业生产力，同时通过技术助力春耕生产。

5月29日，"全国科技工作者日"主场活动暨尤溪县"尤溪红，福天下"首届茶叶交易会上，科技小院科技志愿服务队参与组织茶人、茶企与经销商紧密交流、对接合作形式多样地把茶产业品牌展示，突破以往单一的茶产品宣传转为多元化的茶产业融合模式。

6月26日，由福建省科技特派员吴芹瑶博士、福建省互联网+金奖项目优秀指导教师翁双木带领的"科技赋能产业，文化振兴乡村"实践队，赴尤溪红茶科技小院进行四天三夜的科技志愿者服务并制作了绿茶制作加工工艺科普视频与实践宣传视频，完成了小院依托单位光兴茶业"尤溪红"品牌的宣传拍摄，并在美亚助农平台上架销售，以新媒体传播方式助力偏远地区的茶香远飘。

六、科学传播

尤溪红茶科技小院已入驻智慧农技协平台，并持续制作及发布农业科技、农耕文化、科学生活、茶叶环境保护相关的科普图文、视频等科普资源，与全国各级农技协组织连接起来，实现网上互联互通，通过平台与全国各地同领域的农技协事业伙伴相互交流、共谋合作发展。同时，发布特色茶产品信息、茶叶种植基地实景图片、农技协新闻等信息，促进协会及科普示范基地共同探讨相互之间合作的领域和互补空间，推动福建农技协建设走上信息化轨道，打通服务农民"最后一公里"问题，助力乡村振兴。

七、特色亮点

尤溪红茶科技小院在实践工作中，不断涌现出有创新、贴近群众、服务群众的工作亮点。

福建农林大学资源与环境学院在科技小院开展"认领一亩田"活动暨"劳动教育基地"和"耕读教育基地"揭牌仪式，科技小院作为劳动教育基地和耕地教育基地，将为学生打造思想教育、知识教育、技能教育、劳动实践融为一体的教育平台，有助于培养学生吃苦耐劳的精神，磨砺学生坚强的意志，也有利于深化校地合作，推动福建农林大学资环学院与坂面镇互促共进、互利共赢。

2022年7月20日，科技小院举办"茶园碳中和研学基地"和"高效生态农业产学研示范基地"揭牌仪式暨茶园碳中和研讨会。"茶园碳中和研学基地"和"高效生态农业产学研示范基地"的设立将有利于尤溪县提升茶产业的绿色竞争力和生态溢价空间，加快把尤溪县独特的茶园生态优势、资源优势转化为经济优势、产业优势，推动传统产业"绿色化"、绿色生态"产业化"，持续做大低碳产业增量，为茶产业碳中和行动和可持续发展提供支撑，大力服务乡村振兴。

第十六章

产业扶贫型——
南安蜜蜂科技小院

南安蜜蜂科技小院于2021年4月获批为"中国农技协、福建省科协科技小院",为福建省第三批九家科技小院之一,是中国农技协科技小院联盟认定命名并授牌,集农业科技创新、农业技术服务、农村科学普及、人才培养培训四位一体,服务"三农"和乡村产业振兴的平台。依托单位为:南安市蜜蜂产业协会。共建单位:福建省科协、福建农林大学、福建省农业科学院、福建省农村专业技术协会、泉州市科协、南安市科协、南安市农业科学研究所等。首席专家是福建农林大学蜜蜂研究所所长周冰峰教授,责任专家是福建农林大学蜜蜂研究所朱翔杰副教授,成立以来入驻5名专家,6名研究生,每年常驻研究生6人。每年编写工作日志600篇。

近年来,以汇甜蜂业养蜂示范基地为辐射点,在南安市示范推广"闽南中蜂规模化养殖管理技术""闽南中华蜜蜂健康养殖技术""闽南中蜂优质蜂蜜生产技术"3项。南安市共养殖蜜蜂10万多群,年产蜂蜜1500多吨,蜜蜂直接经济效益显著,年产值高达1.5亿多元。通过蜜蜂为南安农林作物授粉面积高达1800多平方千米,带动南安农林增收20亿元以上。

一、科技创新

南安蜜蜂科技小院责任专家周冰峰教授与共建单位共同派驻的专家、科技人员组成专家团队,带领常驻研究生,扎根田间地头,常年开展科技服务活动。各级科技立项:国家科技立项1个"汇甜蜂业星创天地";福建科技立项3个"汇甜蜂业星创天地""闽南中华蜜蜂优质蜂蜜生产技术研究及成果运用推广"等3个;2021年获泉州科技局立项"闽南中蜂健康养殖技术及农作物'蜂媒'授粉技术研究""闽南中蜂健康养殖技术研究"等5

个项目；南安科技局立项"瓶中筑巢原蜜生产技术研究与示范""蜂巢蜜生产技术研究"等5个项目。

获批专利"一种便于调节间距的智能蜂箱"（专利号ZL.2019 2 1972026.7）、"一种蜂蜜饮用水瓶"（专利号ZL 2019 2 197202 9.0）两项。2022年科技小院周冰峰教授其团队主持的"闽南中华蜜蜂优质蜂蜜生产技术研究及成果运用推广"成功获得福建省科技厅立项支持。

发表论文：福建农林大学蜜蜂研究所周冰峰教授、朱翔杰副教授牵头并指导研究生发表论文《中华蜜蜂高质量蜂蜜生产技术》《论我国蜂蜜质量》《论我国养蜂机械化发展》及《蜜蜂规模化饲养管理技术》等10多篇论文。培养研究生：通过采集信息、参与生产、跟踪记录、科学实验，了解农户与产业的情况、成本产出与投入，了解生产、营销状况，了解产品产量与品质及其技术的关系，了解影响产业绿色发展的因素，将论文写在大地上。开展多种形式的培训，建立农民田间学校，举办农民技术培训班，开展实时指导，培育乡土人才，培训新型职业农民。

创建品牌，南安市蜜蜂科技小院用于国家地理标志证明商标"南安蜂蜜"及著名商标"汇甜""为谁甜"。

二、科技服务

开展各项技术服务活动185次，实地指导农民388人次，满足南安蜜蜂养殖技术及农作物授粉的需求，服务全南安农林业蜜蜂授粉业务。成立科技志愿服务分队，科技小院师生等共11人加入该组织，并积极参与开展的各项活动，服务活动时长达560多个小时。

三、人才培养

南安蜜蜂科技小院自成立以来至2022年8月30日共开展技术培训班、交流会45场，培养新型职业农民2800人次。入驻科技小院研究生已毕业11人。

四、科普活动

2022年新建蜜蜂科普走廊1个，科普展板58个。截至目前科技小院印刷并发放《闽南中蜂规模化养殖管理技术》《闽南中华蜜蜂健康养殖技术》《闽南中蜂优质蜂蜜生产技术》等各种科普资料8000多份，参加（制作）科普文章（视频）25篇（期），于南安商报发布，接待到科技小院技术咨询的群众达800多人次。

第十七章

种业创新型——
闽侯青梗菜科技小院

闽侯青梗菜科技小院于2019年6月授牌，是福建省第一批5家科技小院之一，位于福建省闽侯县甘蔗街道流洋村，依托单位是福建金品农业科技股份有限公司，责任专家是福建农林大学代谢组学研究中心吴双教授，成立以来共入住12名专家，9名研究生，每年常驻研究生5人。编写工作日志690多篇。

闽侯青梗菜科技小院拥有300多亩育种农场及新品种示范基地，近年来，对闽侯县及周边青梗菜种植基地进行示范推广，建立青梗菜品种筛选平台21个、品种区试平台12个及示范基地6个，面积达2万多亩。

一、科技创新

走访附近乡镇100多次，深入了解青梗菜产业现状和存在问题，并针对这些问题开展了多次咨询、研究：青梗菜根肿病、干烧心、蜡质层、耐热和抗旱性机理等项目开展技术研发，为青梗菜种质资源创新、鉴定、评价做出贡献。

二、科技服务

开展各项技术服务活动156次。成立科技志愿服务分队，闽侯青梗菜科技小院师生等共14人加入该组织，并积极参与开展的各项活动，服务活动时长达734小时。

三、人才培养

闽侯青梗菜科技小院自成立以来至2022年7月30日共开展技术培训班、交流会186场，培养新型职业农民8076人次。入驻科技小院研究生已毕业4人。

四、科普活动

设置科技展板7个，印刷了《夏季青梗菜病虫害防治》和《青梗菜栽培技术及要点》等，发放各种科普资料3000多份，参加（制作）科普文章（视频）93篇（期），于金品农业微信公众号、福建电视台和闽侯电视台发布，接待到科技小院技术咨询的群众达1500多人次。

五、成效

（1）通过从全国各地搜集种质资源，通过田间鉴定，筛选出优良亲本材料。同时建立种质资源低温保存库，搜集保护种质资源。并且通过在全国多地建立青梗菜品种筛选平台及示范平台，可以更好地鉴定青梗菜新配制组合的性状。

（2）选育青梗菜新品种100多个，其中28个品种获得农业农村部植物新品种授权。

（3）开展青梗菜新品种观摩会，在各级科协的领导下，进行青梗菜新品种、新技术培训，青梗菜年推广面积达120多万亩，创造巨大的社会效益。

（4）科技小院依托单位设立培养研究生助学金。

（5）各级媒体宣传报道15次。发表高水平论文5篇。

（6）获得中国农技协"十佳科技小院"称号，福建省农技协"2021年度优秀科技小院"，入选"3·5"学雷锋助春耕全国农技协科技志愿服务联合行动优秀活动及"3·5"学雷锋助春耕全国农技协科技志愿服务联合行动优秀组织单位；指导老师钟凤林教授获得"2021年度最美科技工作者"称号，依托单位负责人邵贵荣获2019年度农业农村部"全国农业植物新品种保护先进个人"称号；科技小院研究生袁松荣获"2021年福建科技小院优秀研究生"称号；青梗菜项目获得2020年度福建省科技进步二等奖。

第十八章

品种开发型——三明兰花科技小院

三明兰花科技小院于2019年6月获批，为中国农技协、福建省科协科技小院，为福建省第一批5家科技小院之一。依托单位为三明市森彩生态农业发展有限公司，责任导师是福建农林大学彭东辉教授，成立以来入驻9名专家5名研究生。科技小院已建成集种源开发、组培、栽培、销售于一体的2000平方米智能大棚、500平方米组培室、1600平方米玻璃展示厅。种植优质成品兰花100多万盆，年产幼苗300多万株，开发的新品国兰近千种。产品远销全国各大城市以及日本、韩国等亚洲国家。

一、科技创新

指导企业积极申报和开展国家、省、市科研项目，企业主持和参与福建省星火计划项目2项，结题1项；参与福建省省级财政林业专项1项，已结题；主持福建省科技特派员后补助项目1项，已结题；主持沙县闽台农业融合发展国兰示范基地1项，已结题。

指导企业提升科技创新能力，新增申请农业农村部植物新品种权11个，授权5个，新增申请国家发明专利1项，发表论文3篇。

二、科技服务

指导企业提高兰花产业技术服务质量，引导企业实行项目集中管理和任务分解相结合的管理形式，开展名优国兰新品种选育、组培种子萌发、切芽诱导、根状茎分化、促假鳞茎生长及熟化栽培等关键技术攻关。科技小院与多方合作继续加大新品种的宣传和推广力度，公司具林草种子种苗生产许可证资质，累计推广国兰自主产权品种"沙阳奇蝶""瑶池月夜""秋月"等新品种15万株以上。

三、科普活动

指导企业进行人才培养和科学普及工作，为企业培训花卉组织培养、栽培管理和销售等方面人才16余人次，带动周边农民积极就业。进行科普、农业科技培训，累计接待三明新型职业农业培训班、南平建阳党校青年干部培训班、三明市少数民族技术培训等10多批次1000多人次，接待福建农林大学、三明学院、三明市农业学校等4批次120多人次。技术培训33场次，培训人数800多人，田间示范观摩28场次，培训人数800多人。同时，在抖音、微博、电商直播平台科普和宣传兰花文化70多场次。编写科技活动日志40多篇，搜狐新闻、三明日报、e三明、今日沙县等媒体宣传报道20多场次，协助5名研究生毕业论文开题，已毕业科技小院研究生1人。

四、成效

在三明市沙县现代农业科技园区累计建立了国兰新品种示范面积11000平方米，新增经济收益500多万元。荣获第九届中国创新创业大赛（福建赛区）暨第八届福建创新创业大赛设区市赛优胜奖，荣获第十届中国创新创业大赛（福建赛区）暨第九届福建创新创业大赛成长组三等奖。公司总经理宋彩凤女士荣获2020年新时代新三明百名担当作为青年先进、三明青年五四奖章等荣誉，科技小院研究生邢玥荣获中国农技协科技小院2020年度优秀研究生荣誉。